Emmanuel A. Lembegue

L'ESSENCE

DE MA PHILOSOPHIE BUSINESS

Par le
Copywriter Libre Penseur

ACA

www.acablabla.com

Emmanuel A. Lembegue

L'ESSENCE DE MA PHILOSOPHIE BUSINESS

Tiré des meilleurs contenus publiés en ligne

par :

Le Copywriter Libre Penseur.

''Une mine d'or à garder toujours près de soi, pour exploiter au besoin, afin de booster son business ou solutionner un problème Marketing''

Table des matières.

Avant-propos.. 9
Arrêtons les mensonges avec cette histoire d'entrepreneuriat. 11
Rien ne change. 24
Comment vous pouvez faire des choses remarquables ? 28
Si vous n'investissez rien, n'espérez rien ! Démonstration en 4 points. 32
Comment la paresse est un facteur clé de la pauvreté ? 57
Le profit. 60
« VOIR JUSTE » pour « AGIR JUSTE » 65
Le Rapport. 74
L'éloignement et le rapprochement dans la prise de décision. 78
Des difficultés aux préoccupations. CHANGEZ VOTRE FAÇON DE PENSER. 83
Ne démarrez aucune affaire avant d'avoir lu ces 3 "comment" à propos des idées. 95
Une idée ça ne vaut rien ! 110
Votre idée a-t-elle assez de poids pour devenir une entreprise ? 116
Arrêtez de juger le bien et le mal et servez-vous-en ! 125

FAISONS SIMPLE : Quels sont les rôles du Marketeur, du Community Manager, du Copywriter et du vendeur, dans une petite entreprise ? 143

Voici ce qui marche actuellement sur les réseaux sociaux pour avoir des réactions (pas forcément des ventes). 152

Comment escroquer un Copywriter ? 163

Est-il BIEN de vendre en utilisant la peur ? 171

Je suis jaloux des gens qui vendent les formations ? 178

A la fin c'est même quoi cette histoire de connaître ses prospects/cibles ? ton offre). 187

C'est ton EOM que tu dois répéter chaque fois dans ta communication, pour te faire mémoriser (toi ou ta marque ou ton offre). 193

Quand avoir beaucoup de clients Pose un gros problème... 199

Comment vendre [subtilement] à travers un simple conseil ? 205

On ne dit pas tout en public. 213

Le corbeau et le renard. L'erreur fatale que tu fais quand tu veux vendre... 230

Pour réussir le lancement de votre produit/service et le faire adopter, vous devez absolument le faire comme un dieu.... 236

Nier sa part de responsabilité dans ce qui nous arrive c'est un manque de confiance en soi. 242

Ça m'énerve de voir ceci sur les réseaux sociaux. 246

La petite lettre d'Emmanuel pour vous qui me lisez à l'instant. 250

Être débutant n'est pas une excuse ! 255

Comment je fais pour gagner de l'argent sans avoir une grosse communauté sur les réseaux sociaux ? 262

Les 3 Conseils que j'aurai voulu qu'on me donne à mes débuts... 270

Est-ce possible de vite vous imposer dans un secteur, même si vous débutez a peine ? 279

L'intelligence vaut plus que toutes les stratégies et techniques. 283

Le client n'est pas mon roi. 292

Et toi, quelle est ta vérité ? 298

Droits d'auteur © 2022-2023 – Emmanuel A. Lembegue.

Publié par **ACA SARL**

Tous droits réservés, y compris le droit de reproduire toute section dans n'importe quel format en ligne et hors ligne dans tous pays.
Si vous avez lu le livre et qu'il vous a plu, n'hésitez pas à me le faire savoir.
Partagez les leçons avec vos amis.
Contactez l'auteur et apprenez davantage

Cameroun
Téléphone : +237 695 61 50 29
Courriel info@acablabla.com

Féminin/Masculin : Afin d'alléger le texte et de faciliter la lecture, nous n'avons privilégié la forme masculine.

Aussi par Emmanuel Lembegue :

Trois secrets de comm' pour mieux promouvoir et vendre tes connaissances. 108 pages, 2021.
Vendez plus cher et mieux en vous positionnant comme un expert sympathique. 79 pages, 2021.
Le Guide pour vendre à l'Africain moderne. 371 pages, 2018.
Marketing spirituel : les clés de la connaissance de soi pour booster votre business en tombant amoureux de vos clients. 182 pages, 2022.
Pépites du storytelling pratique à appliquer dès aujourd'hui. 137 pages, 2022.
Essai sur l'origine du mal. 94 pages, 2016.
L'être humain selon la quatrième voie. 93 pages, 2016.
Octavus Catexis parle à ses élèves Tome 1. 144 pages, 2016.

Avant-propos.

Ça fait plus de 8 ans que je rédige des articles sur le Marketing, le Copywriting ou l'entrepreneuriat. Que ce soit dans des blogs, des sites spécialisés. Et surtout sur les réseaux sociaux. On parle là de plusieurs centaines d'articles. Des contenus enrichis au fil des ans, avec l'expérience acquise.

Et je me suis promis un jour de recruter une personne uniquement pour rassembler tous mes contenus textes, et les compiler pour en faire un livre ou plusieurs.

Non, je n'ai pas encore réalisé cet objectif. Vu que ce livre n'est qu'un morceau choisi de quelques textes récemment produits, qui incarnent ma philosophie business. C'est-à-dire ma vision de l'entrepreneuriat. Et comment j'aimerais inspirer d'autres personnes qui se lancent. Ou qui sont déjà sur ce chemin si rocailleux de l'entrepreneuriat.

C'est une vision qui m'est très chère. Et le mot philosophie n'est pas de trop. Car ce n'est pas pour rien que j'ai conceptualisé le Marketing spirituel. Qui est la juste fusion du business et du spirituel. Pour obtenir des résultats dits extérieurs (les réalisations matérielles), mais aussi des résultats intérieur (bien-être, bonheur, réalisation spirituelle).

Lisez ou alors, relisez. Méditez le contenu. Appliquez. Et voyez-vous mentalement réussir à appliquer et à obtenir des résultats, et vous serez surpris de voir ce qui se passe.

N'hésitez pas à m'écrire pour en discuter.

Arrêtons les mensonges avec cette histoire d'entrepreneuriat.

Lis très attentivement ce que je développe ici. On va surfer sur l'entrepreneuriat, le Marketing et le spirituel LOGIQUE (pas les rêves d'enfants du jardin là)

Je vais cogner dur (pas trop quand-même). Pour que se capte bien la dure réalité des choses, appuyée sur ce que j'ai expérimenté moi-même en 9 ans.

Et pour qu'on ne te mente plus. Qu'on ne te trompe plus. Et ce "on" c'est avant tout toi-même.

L'idée est aussi de redorer l'image du Marketing (et de ses enfants : vente, communication...).

A la fin tu auras aussi beaucoup d'éléments pour trier les Marketeurs/vendeurs avec qui tu vas travailler. Et ne plus perdre ton argent, ou te faire arnaquer grossièrement.

DE QUOI IL SERA QUESTION ?

Il sera question de te montrer que LE PREMIER RÉSULTAT à obtenir en entrepreneuriat, ce n'est pas l'argent (les ventes), c'est un gros mensonge.

Le premier résultat ou les premiers c'est tout autre chose. Et c'est l'objet de cette sortie.

Commençons avec cette petite introduction :

La dure réalité du Marketing c'est que c'est vraiment comme la médecine, il peut arriver qu'il n'y ait aucun traitement à ton mal. Et parfois qu'il te reste quelques jours à vivre. Et là le Médecin te le dit. Et tu t'en vas et c'est tout.

Mais en business, quand le Marketeur essaye seulement de critiquer (de manière constructive) ton business, même pas de parler de la mort programmée de ton entreprise, tu dis qu'il est jaloux. Qu'il aille créer pour lui.

Alors que parfois arrêter ou fermer boutique, est la solution idéale que le Marketeur propose à ses clients.

Et les clients sont dépassés qu'ils doivent payer, pour qu'on leur dise qu'ils doivent arrêter. Pour eux payer = résultats positifs Absolument.

Et pour eux encore résultats positifs = Gain d'argent là là là. Ne se rendant pas compte que le résultat positif, c'est t'éviter un AVC futur, dû à un excès de stress, car tu t'entêtes à commettre les mêmes erreurs.

- Résultat positif, c'est te dire que ton produit que tu vends, est en fin de cycle (oui les produits ont un cycle : naissance, croissance, maturité, et une mort).

- Résultat positif c'est te dire qu'il n'y a plus de place dans le marché pour toi !

- Résultat positif, c'est de te dire qu'on a essayé plusieurs examens et on arrive pas à trouver ton mal, va un peu au village te laver.

Ou travaille un peu ton esprit. Au lieu de t'enfoncer dans le marasme de l'occurentisme entrepreneurial (faire les choses sans savoir comment ni pourquoi, sans contrôle, sans garde-fou, sans mesurer, et s'étonner qu'on reste sur place).

- Résultat positif c'est surtout de te dire que LE PREMIER RÉSULTAT à obtenir en entrepreneuriat, ce n'est pas l'argent (les ventes), c'est un gros mensonge.

Avant tout qu'on se mette bien d'accord que :

Une "entreprise" ou une affaire commence réellement à en être une, quand ses produits intéressent un marché.

Ce dernier l'achète, on le lui livre, ensuite il utilise ou consomme et satisfait son besoin. Et cet acte (transaction commerciale) là génère un profit à l'entreprise.

S'il n'y a pas cette base, on est pas en train de parler de business là.

C'est que c'est encore plus grave. Maintenant s'il y a cette base, commençons en s'appuyant dessus :

Le premier résultat ou plutôt les premiers résultats en entrepreneuriat, ce n'est pas ces premiers petits sous qui entrent (et en fait qui servent juste d'indicateur que l'on tient quelque chose, c'est tout).

Mais les premiers résultats que tu dois chercher quand tu as déjà un business c'est :
L'amélioration de la compréhension des problèmes de tes cibles (et la psychologie des humains en général).

Le renforcement de la capacité à leur expliquer leurs problèmes, mieux que la plupart des concurrents.

Le développement d'un mental puissant. Donc forgé après tant d'expérience. Cela signifie : concentration, imagination (projection), insensibilité (ou presque) à la critique, à l'échec, au refus ; résilience...

Un carnet d'adresses de plus en plus volumineux. (Donc toi tu te concentres sur l'argent tu oublies les contacts ? Mince !)

Un réseau, de plus en plus grand, en ligne et/ou hors ligne.

Une notoriété croissante (et une réputation +/- contrôlée).

Une autorité dans le domaine qui grandit.

Une crédibilité qui s'affine et s'intensifie.

Un capital de contenus PUBLIÉS dans diverses plateformes : les textes, les images, les vidéos, les conférences en ligne, les PDF, les livres blancs, les audios...

Des gens de plus en plus nombreux à recommander tes produits/services...

Des avis, témoignages positifs de diverse nature, et de plus en plus.

La liste des objections de ton marché, de plus en plus grande... (Pour en faire quoi à ton avis ?)

Et etc...

Bref tu as compris. C'est tout ce package d'actifs incorporels, qui te permet de favoriser ou multiplier tes ventes.

Et tiens-toi tranquille, DE RENDRE exécutable la plupart des meilleures techniques et stratégies Marketing.

Quand tu es connu, tu as des contacts, tu as des fans, du trafic, on te suit. Il te suffit d'avoir maintenant de la stratégie, des techniques de comm', de Copywriting, de Marketing, pour exploser.

Et aussi, quand tu connais bien ton marché, tu peux créer le produit qui a de fortes chances de changer positivement ta vie. Oui !

Sinon, travaille dur à obtenir d'abord chacun de ces actifs. Ou tu cherches un associé qui sait le faire (vous devenez cofondateurs). Ou encore tu as besoin d'un Marketeur pour t'aider à acquérir la plupart de ces actifs. Et chaque fois tu vas payer.

CE SONT TES ACTIFS A VIE qu'une personne t'aide à obtenir. Et tu payes pour ça. Et pourtant cela ne va pas forcément entraîner un gros changement DIRECT dans tes ventes. Mais tu payes ! Car ces actifs tu les auras A VIE.

C'est la base à avoir, pour entrer dans le game et dire maintenant que tu peux faire tes preuves sur le terrain.

Sinon, tu es hors-jeu, et ce peu importe la façon dont tu vas mouiller ton maillot. Si tu es hors du terrain de jeu, c'est inutile.

Voilà donc l'objectif à viser.

Mais toi, tu commences hier, tu ne sais pas tout ça, tu ne bosses pas tout ça, tu t'en fiche de tout ça.

Et demain tu cherches un vendeur, un Marketeur, un Copywriter, et tu lui dis : "PRODUIT-MOI des ventes.

Si je dois te payer, prouve-moi que j'aurai des ventes et donne-moi la date de quand je les aurais, et combien." (Mince ! L'ignorance c'est quelque chose.)

Ou alors "je te paye à la commission, en fonction des ventes que j'aurais. Ou alors faisons un partenariat..." (Toi tu as d'abord quoi comme actif pour faire un partenariat avec quelqu'un qui a bavé pour se bâtir tout cela ?)

Attend, donc sérieux que tu vas initier une telle démarche alors que tu n'as pas encore fait tes bancs ?

Alors que tu as zéro crédibilité, zéro contact, à peine une centaine d'abonnés, aucune information pétillante sur ton marché ! Même le mental adapté !

Non soyons sérieux.

Tu n'as aucune fondation, mais tu veux qu'un architecte t'aide à élever un bâtiment sur le néant ?

Quand il veut même t'expliquer, tu te fâches.

Quand il te propose de commencer avec la fondation, tu dis que c'est l'argent dépensé inutilement. "Koooo si je te paye pour faire la fondation là, en combien de temps j'aurai mon bâtiment, et quel volume ?"

Non sérieux ! On te parle de fondation qui te restera à vie, l'étape de base, et toi tu parles de bâtiment ? C'est par magie que ça apparaîtra ?

Est-ce que je t'aide un peu à voir l'incongruité de ne pas bâtir ces actifs, mais d'exiger des ventes au marché (consommateurs), aux Marketeurs, Copywriters, vendeurs et même à Dieu (si tu croyant) ???

Voilà pourquoi quand tu tombes sur des escrocs, ou des faux Marketeurs qui te promettent des ventes sans ces préalables, ils vont bien sucer ton argent. Et te sucer toi-même comme une orange.

Car tu fais exprès de ne pas réfléchir, sur des sujets aussi importants que le Marketing, la vente... AVANT même de penser et lancer un produit ou un service.

C'est pourquoi l'entrepreneuriat devrait être interdit, même à l'informel, aux gens qui ignorent réellement tout du Marketing : Sa réalité, sa place, ses articulations, son importance dans le business...

Un dernier détail pour finir :

L'argent que tu gagnes au début là, c'est "une" preuve que tu as un business. Mais c'est aussi ta motivation.

La motivation pour poursuivre ton parcours, celui où tu bâtis progressivement tes actifs incorporels dont je viens de parler.

En tant qu'entrepreneur ou BUSINESSMAN, tu dois viser haut et loin. Et c'est pourquoi un seul business peut t'aider à acquérir des valeurs que tu vas EXPLOITER ou RENTABILISER de X manières, avec X autres business. Bref à vie.

Et ce n'est que si tu as déjà 75% au moins de ces actifs que tu peux contacter un Marketeur, un vendeur, UN VRAI. Et que ça peut marcher.

Sinon tu dois encore bien SOUFFRIR pour te forger ces actifs-là. Et c'est normal. C'est bien ! C'est comme ça !

Rien ne change.

Les 5 dernières années, les 5 prochaines seront toujours pareilles : un mélange d'opportunités et de difficultés. Alors à vous de savoir saisir ces opportunités et de faire face aux difficultés, pour produire un changement dans votre vie.

Votre vie peut changer, mais la nature non, les événements s'enchaineront toujours comme d'habitude. Après le jour, viendra toujours la nuit. Ces choses-là ne changeront pas. Les difficultés, les facilités, les opportunités, tout cela n'aura de cesse de se produire.

Mais comprenez bien, ces opportunités sont toujours mêlées de difficultés. Parfois il semble avoir plus d'opportunités que de difficultés, et d'autre fois, plus de difficultés que d'opportunités. Mais le fait est que c'est ainsi, c'est un fait immuable. Si vous ne faites rien sous prétexte qu'il y a des difficultés, et bien, de jour en jour, de mois en mois, d'année en année, vous n'aurez aucune avancée sur le plan spirituel, financier, sentimental, social et autres.

Vous devez connaître les lois de la nature :

- Après l'évolution vient l'involution - Mais après l'involution vient l'évolution.
- Après le calme, vient la tempête - Mais après la tempête vient le calme.
- Après l'expansion vient la récession - Mais après la récession vient l'expansion.
- Après l'abondance vient la pénurie - Mais après la pénurie vient l'abondance.
- Après les pleurs viennent les rires. Mais après les rires viennent les pleurs.
- Ainsi de suite, ainsi de suite.

C'est une loi naturelle : la loi du pendule.

Si vous savez ceci, et le garder constamment en tête, vous saurez également garder la bonne attitude, et tirer grand profit des différentes fluctuations. Vous saurez exactement quoi faire.

Vous ne serez plus un aveugle qui avance dans le vide, non ! Vous saurez à présent en quoi vous en tenir.

Par exemple un échec, ne vous anéantira pas. Une objection d'un prospect ou même d'un ami qui ne s'intéresse pas à votre opportunité MLM, ne va pas vous détruire au point de ne plus pouvoir avancer dans votre business.

Le fait qu'elle ou qu'il refuse vos avances, ne va pas vous complexer pour le reste de votre vie. Un échec pour en finir avec un défaut, ne va pas vous décourager de ne plus essayer... Car vous savez que c'est comme ça, c'est une loi naturelle :

Ça arrive d'échouer, ça arrive ! Faut pas en faire tout un plat.

Mais préparez-vous, et soyez prêt à attraper l'opportunité de réussite qui va se présenter à vous. Car la loi dit après un échec ou une opportunité d'échec, viendra une opportunité de réussite. Alors soyez prêt.

De même quand vous avez un gros succès, ne prenez pas la grosse tête, ça risque réduire votre niveau de réflexion - et pourtant on a besoin de toute notre tête pour toujours agir avec droiture et objectivité. Vous devez vous dire, ce succès précède surement une future tornade, un futur problème, une future secousse, alors je dois célébrer, mais garder les pieds sur terre, et préparer cette tempête comme il le faut.

De cette manière, plutôt qu'être esclave de la loi du pendule, qui vous balance à gauche, à droite, à gauche et ainsi de suite, vous pourrez vous fixer au milieu, dans le calme, dans la paix intérieure. Ou encore vous pourrez surfer quel que soit la direction des vagues.

Comment vous pouvez faire des choses remarquables ?

N'espérez pas que les choses changent, pour croire qu'avec cela vous pourrez vous en tirer. Ah c'est trop risqué de mettre votre espoir sur les autres ou sur l'incertitude.

N'espérez pas que le gouvernement change, que le système économique change. N'attendez pas que le cours de la monnaie change. N'attendez pas que les conflits cessent dans le monde. N'attendez pas que le néocolonialisme disparaisse.

 N'attendez pas que la corruption s'estompe. N'attendez pas qu'une certaine manne vous tombe sur la tête. N'attendez pas que le monde de salarial change. N'attendez pas que votre patron change et devienne un ange qui multiplie votre salaire par 4...

Non ! C'est à vous de changer ! Ne soyez pas naïf, faites le plus simple : Vous Changer Vous !

Ne souhaitez surtout pas que les choses changent, souhaitez devenir meilleur. Ne souhaitez pas avoir moins de problèmes, souhaitez avoir plus de compétences, d'intelligence pour les résoudre. Ne souhaitez pas avoir moins d'épreuves et de défis, souhaitez simplement avoir plus de sagesse, et de force, pour renforcer votre détermination et avancer.

C'est plus sensé. Car nous l'avons déjà dit une fois, il y aura toujours des conflits, des problèmes, des opportunités, des réussites, bref des fluctuations. Donc le plus simple c'est de travailler sur vous. D'opérer le changement en vous. Et ainsi vous serez immunisé de ces fluctuations. Dommage qu'on apprenne pas cela à l'école.

Et en plus. Vous n'avez pas besoin d'éviter les erreurs, les problèmes, les défis, les situations difficiles. Car si vous aspirez au meilleur, à la grandeur, à la richesse sur les différents plans, vous avez besoin de défis, d'erreurs, de problèmes. Puisque c'est en les affrontant que vous aurez la sagesse et le caractère nécessaires pour obtenir cette grandeur.

Si vous savez comment faire, vous pourrez tirer un gros profit, en sagesse et intelligence surtout, de chaque situation conflictuelle, de chaque défi, de chaque erreur, de chaque défaite, de chaque problème.

C'est fasse à la contradiction (ou dans le choc des idées) que jailli la vérité dit-on souvent. Le défi ou le problème est une force qui s'oppose (force opposante) à votre projet ou à votre idée ou à votre but, qui est aussi une force (force émettrice ou active).

Et du choc de ces deux forces jaillit une troisième qui est la force conciliante (ou équilibrante, ou productive). Il s'agit également de la lumière, ou l'intuition, ou l'intelligence, ou la solution, ou simplement la sagesse.

Cette troisième force va permettre ainsi de grandir, de produire, de créer, d'innover. Mais à condition d'avoir cette manière de penser, de voir les choses ainsi : "tout ce qui arrive peut me servir. Surtout ce qui s'oppose à moi et mes idées !" Faites des forces opposantes, des alliés pour vous surpasser.

Voilà comment vous pouvez faire des choses remarquables quoi qu'il arrive. Les humains peuvent faire des choses remarquables quoi qu'il arrive. Vous, pouvez faire des choses remarquables quoi qu'il arrive !

Si vous n'investissez rien, n'espérez rien ! Démonstration en 4 points.

La plupart des personnes ont toujours tendance à croire que l'investissement concerne uniquement le domaine financier. Et d'ailleurs, pour vous également, il est probable qu'en lisant le titre de cet article que vous ayez pensé que nous allons parler d'argent, des finances. Oh non pas tout à fait. Il se trouve que les mêmes règles s'appliquent à tous les domaines qui soient.

C'est ainsi que le long de cet article, nous allons voir le bienfondé de l'investissement des valeurs, pour les fructifier, en nous appuyant sur des cas qui concernent les principaux domaines :

spirituel, sentimental ou amoureux, sanitaire, politique...

L'investissement c'est simplement le fait de fructifier quelque chose. C'est-à-dire qu'il faut partir de quelque chose ou il faut avoir une chose, et la mettre en valeur et l'exploiter de telle sorte qu'elle puisse se multiplier. On ne fructifie pas le vide. Zéro multiplié par tout ce qu'on veut, sera toujours égal à zéro. Donc si vous n'avez pas identifié vos valeurs propres, vous ne pouvez pas passer à l'étape de l'investissement ou de la fructification de celles-ci.

Ainsi, il faut avoir en soi ou pour soir une valeur, et c'est cela qu'il faut développer. C'est de là qu'il faut partir.

Et là il devient tout à fait clair ce que j'ai dit dernièrement : Pour avoir le bonheur il faut se servir du bonheur. Sans bonheur impossible d'avoir le bonheur.

Quel bonheur on va développer ou fructifier si déjà là en nous, il n'est pas fixé ou découvert, un bonheur aussi petit soit-il ? Si en nous on ne découvre et ne fructifie pas ce bonheur intérieur, nous allons passer notre vie à courir derrière le bonheur éphémère et misérable qui vient de l'extérieur : du confort, du matériel, de l'argent, des relations, du sexe, des divertissements, ou encore d'un livre religieux.

Prenons justement le cas de la religion.

1– Le domaine spirituel ou religieux.

La plupart des religieux, ou devrais-je dire des ''croyants'', sont des personnes dont la foi et la spiritualité sont complètement extraverties.

Celle-ci trouve son origine sur des choses externes telles que le pasteur, l'imam, le prêtre, un livre, un édifice, une assemblée de gens, ou des paroles mécaniques appelées frauduleusement et malencontreusement prières, ou encore sur une statuette, un prophète, un Dieu qui en réalité n'est qu'une image mentale et rien de plus.

Si on leur enlève ça, c'est fini, ils sont troublés et perdus ! Dans ce cas où sont leurs valeurs spirituelles ? Les ont-ils en eux ?

Pourquoi au moindre problème c'est lamentation sur lamentation ? La foi est-elle seulement pour le vendredi ou le dimanche ? En tout cas elle n'est pas, apparemment, à l'intérieur. Pourtant il est plutôt évident que la véritable foi, la véritable essence spirituelle, et même Dieu devraient se trouver à l'intérieur de chacun de nous. Et non juste une chimère grossière, qu'on brandit à l'extérieur, chaque fois qu'on veut se donner une bonne conscience et belle image aux yeux des autres.

Et ce n'est pas Paul qui va me contredire quand dans Galates 4 : 19 il affirme : Mes enfants, pour qui j'éprouve de nouveau les douleurs de l'enfantement, jusqu'à ce que Christ soit formé en vous.

Est-ce ce que nous voyons aujourd'hui chez les chrétiens ? Peut-on avoir formé en soi le Christ (qui est l'humilité incarnée, la patience, l'amour, la tolérance…) et être quand même cette personne colérique, cupide, vaniteuse, réactionnaire, qui ne laisse rien passer, qui rebondit sur tout, qui objecte tout… ? Peut-on avoir l'amour et l'espérance en soi, et être si faible et rempli de haine, d'égoïsme et de peur ?
Ah non ! Il est temps de découvrir le talent en chacun de nous, et de le fructifier.

À propos de talent, lisons la parabole des talents se trouvant dans la Bible. Matthieu chapitre 25 Verset 15 à 29, où Jésus nous édifie sur le thème de cet article. En parlant du Royaume des cieux, il dit :

« C'est comme un homme qui partait en voyage : il appela ses serviteurs et leur confia ses biens.

À l'un il remit une somme de cinq talents, à un autre deux talents, au troisième un seul talent, à chacun SELON SES CAPACITÉS. Puis il partit. Aussitôt, celui qui avait reçu les cinq talents s'en alla pour les faire valoir et en gagna cinq autres. De même, celui qui avait reçu deux talents en gagna deux autres.

Mais celui qui n'en avait reçu qu'un alla creuser la terre et cacha l'argent de son maître.

Longtemps après, le maître de ces serviteurs revint et il leur demanda des comptes.

Celui qui avait reçu cinq talents s'approcha, présenta cinq autres talents et dit : Celui qui avait reçu cinq talents s'approcha, présenta cinq autres talents et dit : "Seigneur, tu m'as confié cinq talents ; voilà, j'en ai gagné cinq autres."

Son maître lui déclara : "Très bien, serviteur bon et fidèle, tu as été fidèle POUR PEU DE CHOSES, je t'en confierai beaucoup ; entre dans la joie de ton seigneur."

Celui qui avait reçu deux talents s'approcha aussi et dit : Celui qui avait reçu deux talents s'approcha aussi et dit : *"Seigneur, tu m'as confié deux talents ; voilà, j'en ai gagné deux autres."*

Son maître lui déclara : "Très bien, serviteur bon et fidèle, tu as été fidèle POUR PEU DE CHOSES, je t'en confierai beaucoup ; entre dans la joie de ton seigneur."

Celui qui avait reçu un seul talent s'approcha aussi et dit : "Seigneur, je savais que tu es un homme dur : tu moissonnes là où tu n'as pas semé, tu ramasses là où tu n'as pas répandu le grain. J'ai eu PEUR, et je suis allé cacher ton talent dans LA TERRE. Le voici. Tu as ce qui t'appartient."

Son maître lui répliqua : "Serviteur mauvais et paresseux, tu savais que je moissonne là où je n'ai

pas semé, que je ramasse le grain là où je ne l'ai pas répandu.
Alors, il fallait placer mon argent à la BANQUE ; et, à mon retour, je l'aurais retrouvé avec LES INTÉRÊTS.

Enlevez-lui donc son talent et donnez-le à celui qui en a dix.
À celui qui a, on donnera encore, et il sera dans l'abondance ; mais celui qui n'a rien se verra enlever même ce qu'il a. »

C'est assez clair ! Tout est investissement, même dans le domaine spirituel. Si vous avez le talent en vous, développez-le ! Sinon restez-là croisez les bras, ne travaillez pas, et priez et chantez : « Jésus, Jésus, alléluia, alléluia, Amen !». Ne pensez pas à multiplier le talent. Ayez peur d'investir, ayez peur de prendre des risques…

Eh bien, il vous sera retiré vos talents et remis à ceux qui ont quant à eux, *mouillé leurs chemises*. On ne vous demande pas trop. C'est peu de choses en réalité : Multiplier le peu qu'on vous a remis, et c'est tout. Mais aujourd'hui les croyants ne veulent rien multiplier, ils pourrissent leurs valeurs en les enterrant, pour lire la Bible et faire la volonté du pasteur/imam/pape/blablas, et du dogme religieux.

« Non c'est Jésus qui va nous sauver... Nous avons donné nos vies à Jésus ». « Dieu est aux commandes... ». Et dans tout ça, avez-vous pensé à multiplier ce que Dieu vous a remis ? Qu'allez-vous lui dire quand il vous demandera des comptes ? Vous direz que vous avez chanté, prié, dansé et tué par amour pour lui, envoyé le feu sur les autres, et lu des sourates ? Pensez-y !

Passons à un autre domaine, celui des relations amoureuses.

2 – Le domaine sentimental.

La plupart des gens pensent qu'il faut se mettre en couple pour avoir l'amour. Qu'il faut flasher sur un homme ou une femme, pour subitement avoir un gros paquet d'amour qui leur tombe sur la tête, Bam ! Non ! Comme le bonheur, comme l'essence spirituelle ou le talent, il faut déjà avoir l'amour en soi et le fructifier.

Je ne peux pas m'empêcher de mélanger ce domaine avec celui du monde des affaires. Car la similitude est tellement frappante. En réalité, ceux qui font des affaires ont appris qu'il faut s'associer afin de limiter les risques, de partager les apports des valeurs, et ainsi avoir une certaine originalité et sécurité. En outre le partenariat permet d'accomplir un peu plus vite des tâches de l'entreprise, sans toutefois sacrifier une grande quantité personnelle de temps et d'énergie.

Mais on ne s'associe pas avec n'importe qui. Ce partenaire d'affaires doit être une personne certes avec qui il faut s'entendre, mais en plus, il doit y avoir un apport mutuel et complémentaire. X peut faire un apport technique, il apporte ses compétences sur un domaine A. Et Y fait un apport sur des compétences que X n'a pas, sur un domaine B. Et Z fera un apport financier. Et T pourra peut-être apporter son charisme ou son savoir en ressources ou relations humaines. Pour savoir gérer et manager tout ce groupe…

Donc il faut d'abord avoir quelque chose pour soi ou en soi. Vous ne pouvez pas être un associé si en vous, vous n'avez rien à apporter et à fructifier. C'est clarinette ! Enfin clair et net !

Alors si vous vous intéressez à trouver un partenaire ou des partenaires d'affaires, ou si vous vous intéressez aux affaires, pensez à développer votre potentiel. Ainsi vous pourrez vendre cela au près des autres. C'est-à-dire de montrer en quoi vous pourrez leur apporter un plus. Et si ce plus est vraiment un gros plus, et bien, ils n'hésiteront pas à vous faire entrer dans l'équipe.

En amour c'est pareil. Vous devez avoir une valeur en vous : une expérience, un talent (en référence à ce qu'on a dit plus haut). Vous devez avoir une certaine joie, une paix, de l'amour, de la bonté, l'amour du travail également… Vous devez avoir cela en tant que célibataire. Ce n'est pas le partenaire qui doit vous donner ce minimum.

C'est cela que vous allez apporter à votre futur partenaire. Et non des manques affectifs, de la jalousie, de la passion, de la luxure, de la débroche, de la violence, de l'intérêt purement matérialiste, ou encore de l'égoïsme, du narcissisme, des peurs, doutes et troubles du passé.

Soyez gentil et développez un tant soit peu vos valeurs, et diminuez votre trouble, avant de vous mettre en couple. C'est le plus beau cadeau que vous ferez à l'être aimé. Et cela tient pour les deux parties. Ça ne sera que plus productif et merveilleux quand vous formerez un couple. Les couples où l'un des partenaires (ou les deux) n'a aucune valeur à apporter sont voués à l'échec.

Ainsi il faut être heureux tout seul d'abord, en tout cas à un certain degré, pour espérer l'être à deux. Une équation à une inconnue est plus simple à résoudre qu'une équation à deux inconnues. C'est la logique de base.

Mais voilà des gens qui ne pensent pas à se développer, à développer leurs valeurs, à fructifier le petit bonheur qui sommeille en eux, mais qui veulent aller exploiter, consciemment ou pas, d'autres personnes, sous prétexte qu'ils forment un couple, et sous le prétexte qu'il faille absolument former un couple, se marier et blablabla. C'est purement égoïste ! Et encore, c'est insensé voire stupide, quand ces personnes espèrent ainsi vivre l'amour et le bonheur dans leurs relations.

C'est pourquoi les ruptures sont souvent des deuils… Car notre mangeoire nous quitte. Celui qui était notre "tout". On a pas pensé à faire des placements corrects de nos propres valeurs.

On a pas développé et parfois profité du couple, pour identifier et fructifier le bonheur personnel et intime ou intérieur. Aujourd'hui, il ou elle nous quitte, et notre nudité et notre vide intérieurs nous frappent en pleine face.

Donc même dans le domaine de l'amour, exactement comme dans celui des affaires, l'investissement et la fructification de la valeur interne est la clé du succès.

Passons sur le plan de la santé.

3 – Le domaine de la santé.

Qui en ce siècle, ignore l'impact énorme du monde intérieur, ou du monde psychique, c'est-à-dire des pensées, des émotions, de l'attitude, sur la santé ?

Alors au lieu que la plupart des gens apprennent à devenir des experts sur la maîtrise de leur monde intérieur, ne serait-ce que pour limiter les dégâts, car ce n'est pas une mince affaire que de devenir cet expert, mais eux, ils mettent tous leurs espoirs sur l'extérieur : Sur la « Science », qui n'a de cesse de briller par sa médiocrité, tant elle est teintée de l'aura ténébreuse du capitalisme outrancier et criminel... Ainsi que sur les médicaments, les hôpitaux, et etc.

Il est toujours question de valeur interne. Et de développer d'abord cela avant tout. Notre santé doit venir d'abord de nous-même. Il faut être indépendant. Et pas dépendre à 100% de l'extérieur, et laisser l'intérieur au HASARD. Si à l'intérieur règnent le chaos et la guerre, l'extérieur ne peut absolument pas être en paix.

Un petit résumé pour introduire le dernier domaine que je vais présenter.

Vous devez devenir un être indépendant. Vous devez dépendre au moins à plus de 50% de votre intérieur. Et non pas que toute votre vie soit basée sur l'apport extérieur. Car pour vous, l'extérieur est du passager, de l'éphémère, n'étant pas à 100% à votre contrôle. Tout miser sur l'extérieur est simplement un manque de responsabilité. C'est un risque naïf et très mal calculé.

Sur le plan religieux et spirituel, comme nous l'avons vu et dit, bossez et travaillez votre relation intime avec votre Dieu. N'attendez pas la manne du ciel. Elle ne tombera plus ! N'admettez pas des soi-disant intermédiaires, qui en fait sont des commerçants, des amis entrepreneurs en plus ^^, entre vous et votre Dieu.

Matthieu 11 :12 « Depuis le temps de Jean-Baptiste jusqu'à présent, le royaume des cieux est forcé, et ce sont les violents qui s'en emparent. » Donc il faut lutter, il faut bosser, et non se mettre à genoux et pleurer, et dire des choses insensées. Et encore dans Apocalypse, on dit bien, à plusieurs reprises : Donc il faut lutter, il faut bosser, et non se mettre à genoux et pleurer, et dire des choses insensées. Et encore dans

Apocalypse, on dit bien, à plusieurs reprises : « À celui qui vaincra, je lui donnerai … ».

Donc il n'a jamais été question de facilité, de paresse et d'inertie, voire de laxisme (on fait ce qu'on veut, et à la fin on va donner sa vie à Jésus, et être sauvé), comme on le voit aujourd'hui.

Comprenne qui pourra ! En d'autres termes, comprenne celui dont l'orgueil laissera un répit afin qu'il puisse comprendre.

Sur le plan affectif, l'amour doit résider en vous. Vous devez vivre, respirer, rayonner, que votre amoureux(se) soit là ou pas. S'il ou si elle s'en va, votre monde ne devrait pas s'écrouler. C'est certes une perte, mais pas la fin du monde. Vous devez être en amour, et pas en attachement ou en une situation de dépendance affective. Cette dernière n'est qu'une bombe de souffrance à retardement.

Dans le domaine des affaires, c'est pareil. Vous ne devez pas dépendre de vos partenaires à 100%. Car demain on ne sait jamais, s'ils s'en vont, vous serez perdu, vous n'aurez rien pour vous. Pourtant vous auriez pu profiter de leur présence, leurs apports, pour développer vos propres valeurs.

C'est ça le talent que quelqu'un nous prête, et dont on se sert pour développer nos propres talents. On lui remet le sien et on garde le gain. Voilà la puissance de l'investissement.

Pour finir parlons rapidement du domaine étatique.

4 – Le domaine étatique.

Les États comme ceux de l'Afrique, qui croulent sous la misère, n'ont pas développé leurs valeurs propres. Ils sont encore plongés, pour la plupart, dans cette épaisse fumée produite par l'esclavage et la colonisation. Pourtant il serait temps de se réveiller. Aujourd'hui les africains consomment presque totalement, que des choses qui rapportent des valeurs à d'autres pays. La production locale est soit dévalorisée, soit trop chère pour les pauvres populations, soit étouffée.

Le comble de l'ironie fait en sorte que la grande majorité des africains dits intellectuels, entrepreneurs (on dit opérateurs économiques ici ^^) et autres, travaillent presque automatiquement, même sans s'en rendre compte, contre leurs propres États. Car ils veulent dessiner leurs belles créations certes, sur les tableaux d'autrui, mais non sur les leurs. Et de ce fait, les dés sont pipés dès la racine !

Pourtant, et pour rester en harmonie avec tout ce qu'on a déjà dit ici, pour que nos économies puissent se relever réellement, et qu'on puisse sortir de cette fumée, nous devrions identifier nos valeurs, et mon Dieu, elles sont énormes en Afrique, énormissimes ! Même si on veut nous persuader du contraire, certainement pour nuire à cet éveil collectif. Mais il faut identifier ces valeurs et les fructifier !

La production locale doit être revalorisée. Chaque industriel, entrepreneur, ingénieur, et etc, doit veiller à ce que son business ou son affaire, ou ses idées, ses projets, ses ambitions, puissent avoir un impact réel et positif sur l'économie de son pays d'abord, et non sur celle des autres. Les autres d'en face !

C'est-à-dire que les produits et leur commercialisation, doivent non seulement permettre de créer des emplois surplace, mais surtout, ils doivent être consommés (d'abord) surplace et, obtenus par la transformation des matières premières produites surplace.

C'est ainsi qu'on va appliquer tout ce dont nous parlons ici, c'est à dire la fructification des valeurs internes, d'abord, et à plus de 50% au minimum, afin de sortir de cette fumée étourdissante dans laquelle nous nous trouvons à présent.

Que les ingénieurs africains pensent donc à des solutions africaines, et adaptées aux africains, et qui font travailler les africains, et développent les terres africaines et l'économie africaine. Sinon on peut créer et inventer tout ce qu'on veut, et pourtant cela aussi beau que ça soit, ne va en réalité pas servir le peuple. Mais va juste le vampiriser.

Il en est de même des pays de l'Occident, où les paysans, les agriculteurs locaux voient du rouge.

Puisque les gouvernements ne sont pas là pour le bas peuple. Ils travaillent pour le monstre de la finance et du capitalisme outrancier et meurtrier, quitte à négliger le développement des activités des petits agriculteurs locaux, qui pourtant travaillent, pour la valeur interne. Celle-là même qui doit être correctement identifiée, mise en valeur et développée.

Il suffit de voir le nombre d'agriculteurs qui se suicident chaque année, dans un pays comme la France par exemple – en France, un agriculteur se suicide tous les deux jours – pour comprendre que c'est vraiment tragique le travail de ce monstre...!

Ce que je dis n'est pas l'apologie de l'égoïsme au niveau des États, ou un replie sur soi-même. Oh que non ! Mais comme dans les affaires, et comme en amour, il faut que chaque État ait de la valeur. Qu'il ait quelque chose de personnel ou d'intérieur à apporter. Et là ils pourront les uns et les autres faire des échanges, des partenariats gagnant-gagnant (cette fois).

Et non plus ce genre de cas qu'on rencontre de nos jours :

– Un État étouffé de dettes à en revendre, se targue de ci et de ça, et décide de dominer, et d'exploiter un autre, et s'en sert pour maintenir l'illusion de la belle vie dans le sien. Ah non !

– Ou alors un autre qui croupit sous la misère, et qui n'a pas encore fait ses preuves, mais qui veut copier le modèle de très vieux États qui ont traversé des étapes incontournables, avec parfois des modèles caduques et dépassés aujourd'hui, qui ne devraient plus être pris pour exemples…. Ah non !

Donc pour finir, l'investissement est la clé du succès dans tous les domaines qui soient. Celui qui choisit l'épargne à la place de l'investissement est en grand danger de tout perdre et de ne rien accomplir. L'épargne ne sert que si on a dans l'esprit d'investir, de fructifier les valeurs. Sinon ça ne sert à rien !

Et celui qui n'a pas de valeur, ne peut rien investir. Alors il devra commencer par se créer sa valeur propre. Mais souvent elle est déjà présente, il lui faut juste la découvrir. C'est la première étape. Ensuite il devra apprendre l'art d'investir, que ce soit en amour, en affaire, au niveau de la santé, de la religion, de la spiritualité, bref, de la vie !

Comment la paresse est un facteur clé de la pauvreté ?

La paresse freine beaucoup notre liberté (libre arbitre). Mais c'est quoi la paresse ?

Faire preuve de paresse signifie faire le choix le plus facile, le plus simple ou le plus plaisant. Et non faire le choix le plus objectif ou le plus utile. Encore moins... le plus rentable.

Exemple : vous parlez avec quelqu'un, et il dit une chose que vous considérez comme étant une bêtise. Alors vous avez deux choix qui se présentent à vous :

- Ce que vous avez envie de faire, ce qui est le plus plaisant, naturel et facile : Vous vous moquez de lui d'une façon ou d'une autre, avec une plaisanterie sombre. Ou alors vous rigolez, ou lancez un petit mot taquin que vous pouvez appeler plaisanterie si ça vous chante.

- Ce que vous pouvez faire, le plus utile, mais qui n'est pas forcément évident : éviter de dire/faire quelque chose qui va anéantir l'estime de soi de votre interlocuteur. Ou simplement ignorer ce qu'il a dit et passer à autre chose. Ou bien alors rester silencieux.

Quand ceci vous arrive qu'est-ce que vous faites habituellement ? ^^

Alors, être capable de choisir de faire ce qui est le plus utile, c'est cela exercer votre libre arbitre, ou votre liberté. Mais céder à vos émotions, votre jugement hâtif, vos réactions mécaniques, ou encore à votre ego, est loin, mais alors très loin d'être la liberté de choisir, mais bien le pire des esclavages.

Et un esclave ne peut pas obtenir ce qu'il veut dans la vie. Il a toutes les chances de mourir pauvre. Vous ne pourrez non plus développer ou éveiller votre intelligence financière si vous ne savez pas ménager l'amour propre de vos interlocuteurs, en étouffant le vôtre !

La liberté est ce qui permet d'être un très bon communicateur, et donc un excellent vendeur. Voilà une des clés du succès dans les affaires. Et elle n'est pas facile à obtenir.

Cette clé est ce qui permet de différencier les personnes qui sortent du lot et qui réussissent réellement, et les autres.

Pour finir cet article, je vous laisse avec des citations de deux des plus grands experts en intelligence financière et en marketing.

Robert Kiyozaki : C'est votre doute personnel et votre paresse qui définissent qui vous êtes.

Christian Godefroy : Votre plus grand ennemi, c'est... vous, votre ego. Mettez votre ego de côté. Oubliez-le pendant que vous écrivez. Voyez les choses avec les yeux, les oreilles, la
mentalité et tous les sens de votre lecteur et non les
vôtres.

Le profit.

Faire du profit est une chose légitime. N'ayez pas peur des mots ^^. J'irai même plus loin, en vous disant de devenir un investisseur hors pair. Oui, apprenez à tirer profit de toute situation !

Devenez expert dans l'art de faire du profit.

Vous le savez déjà, ici dans ce mur, nous parlons de tous les aspects de la vie. Donc quand je dis profit, je parle également des domaines affectif, spirituel, familiale, etc. Et pas seulement sur les plans professionnel et financier.

De ces domaines-là, nous parlerons d'ici peu. Mais nous avons déjà commencé à le faire dans ce groupe-ci : https://goo.gl/FhSr7d

Ce langage du monde des affaires, peut paraître froid ou inapproprié, mais il est pourtant aussi très objectif et clair.

Quelque chose n'est profitable que par rapport à un but. Sans but c'est insensé.

Prenons le cas de l'alimentation. Vous mangez et vous le faites pour nourrir votre corps physique. Alors pour tirer profit de cet aliment, essayez de vous concentrer sur l'acte que vous posez. Que vos pensées, vos émotions et votre attention soient fixées sur ce que vous êtes en train de faire, c'est-à-dire manger.

Ainsi vous aller extraire tout ce qu'il est possible d'extraire de ces aliments. Voilà comment, dans ce cas, être un bon investisseur. Vous avez investi en achetant un aliment, maintenant vous faites l'effort pour en tirer un max de profit pour votre santé et vitalité.

Apprenez à tirer profit de tous les revers, de toutes les situations qui se présentent à vous. Et plus, ne vous lancez dans rien sans y poursuivre un profit (un but !). Euh je ne suis pas moraliste hein. A chacun de voir !

Vous voulez entamer une conversation avec quelqu'un ? Ayez un but en tête. N'allez pas le faire juste parce qu'il existe la possibilité de le faire ou par impulsion.

La conversation tourne mal, ça devient un combat verbal ? Essayez au moins de ressortir de là avec un plus. Un plus dans une situation difficile, peut aussi être le fait de limiter les dégâts. C'est-à-dire ne pas perdre trop de plumes.

Vous êtes dans un embouteillage, pourtant vous êtes pressé ? Et bien c'est peut-être le moment de travailler sur votre stress, et d'essayer de vous détendre. Pensez à autre chose !

Vous voulez progresser instant après instant et presque automatiquement, dans le domaine intérieur, dans le domaine de la liberté intégrale ? Et bien apprenez à mettre chaque seconde à profit.

Profitez de tout pour apprendre, pour évoluer. Surtout devant les situations désagréables, les conflits, les discussions, les oppositions, le mauvais temps et etc.

C'est l'occasion de voir comment vous dépendez encore émotionnellement de ces "mauvais vents". Et c'est l'occasion de faire un pas, pour créer cette distance émotionnelle, afin de vous détacher de ces émotions négatives produites en vous.

Voilà comment se libérer instant après instant. C'est un travail de grande valeur. Vous avancerez à coup sûr, plus que ceux qui lisent des centaines de livres sans rien comprendre. Qui s'illusionnent eux-mêmes et rêvent de devenir grands avant même de devenir petit !

Quelqu'un vous touche, vous trouble, vous énerve ? Ah voilà quelqu'un de très important pour vous. C'est votre maître. Il peut faire de vous, même à son insu (ET ÇA VAUT MIEUX AINSI !) quelqu'un de libre.

Considérez les choses ainsi, et vous allez évoluer à chaque minute, à chaque heure. Vous êtes ainsi

100% pratique ! Imaginez ce que vous deviendrez d'ici 1 an

Soyez de grands investisseurs !

Adoptez des attitudes profitables pour vous. Agissez avec efficacité, productivité (on y reviendra). De telle sorte que, vous produisez quelque chose de bénéfique, dans un aspect de votre vie ou de celle des autres, à chaque seconde, et même quand vous dormez. ^^

« VOIR JUSTE » pour « AGIR JUSTE »

Il vous est presque toujours soigneusement suggéré, dans presque toutes mes publications, d'apprendre à tirer profit de toutes situations. C'est bien de savoir faire ça. Mais concrètement comment y arriver ?

Il y a une chose très importante à connaître quand on veut jouer à ce petit jeu-là. C'est incontournable. C'est la fondation à partir de laquelle vous allez construire l'édifice même de cette façon d'être et de penser, qui vous permettra de mettre à profit tout, tout et tout.

Cette chose c'est la vue.
Oui, vous allez voir, c'est bien la vue ^^
En effet on l'a trop souvent dit, et vous devez certainement lire ça presque toutes les semaines :

Mauvais diagnostique = mauvais traitement = pas de santé.

Problème mal posé = solution inadaptée et fausse.

On se trompe de combat ou d'ennemi et voilà une fabuleuse perte de temps, d'argent d'énergie.

À la fin de cette publication, pensez à remonter pour relire cette phrase :
LA PRISE DE CONSCIENCE DU PROBLÈME (OU DE CE QUI NE VA PAS) EST LE PREMIER PAS VERS LA RÉSOLUTION DU PROBLÈME.

En somme, qu'est-ce que je veux dire ?

Vous devez apprendre à VOIR. Mieux ! Vous devez apprendre à VOIR le RÉEL.

Bon on ne va rien exagérer... Commencez déjà à apprendre à voir juste. C'est-à-dire à voir les choses telles qu'elles le sont réellement et autant que possible.

Si on a une bonne vue, c'est sûr et certain qu'on saura placer nos pions. Et faire à peu près tout ce qu'on veut…

Mais ce n'est pas une mince affaire, que d'obtenir cette capacité de voir les choses sous leurs apparences véritables. Car il faut partir au-delà des ''on-dit'', des avis des grands experts, des vérités et des croyances admises par le grand nombre, de nos propres peurs et croyances personnelles…

Les choses, les mots, les concepts ont cette apparence qu'on a bien voulu leur donner. Et de ce fait, il nous est très difficile d'agir efficacement, car on se trompe sur toute la ligne, presque toujours.

Je vais citer des exemples, selon mon angle de vue justement. Mais avant il faut savoir que pour voir les choses telles qu'elles sont vraiment, vous n'avez pas beaucoup d'options. Juste deux !

– Soit vous développez votre vue. C'est-à-dire vous élevez votre intelligence au-delà des apparences, pour voir le réel. Ce que plusieurs assimilent à l'éveil de la conscience, qui a une multitude de degrés…. Ceci ça va sembler trop bizarre, voire effrayant pour plusieurs de mes amis, et la famille. Alors on va d'abord laisser ça et passer à la deuxième option.

– Soit vous apprenez à croire ceux qui ont changé leur point de vue et arrivent à voir les choses telles qu'elles sont. C'est-à-dire accepter d'abord pour un premier temps leur vision du monde. Ainsi partant de cette croyance, et en compagnie de la connaissance, vous pourrez arriver à cet état qui vous permet vous aussi de voir les choses ainsi.

Voir les choses telles qu'elles sont n'est pas toujours super cool. Cela n'a pas toujours bon goût. Quand on est habitué à une certaine vision, un changement de contraste peut nous faire assez mal et/ou nous troubler pendant un moment. C'est d'ailleurs pourquoi plusieurs préfèrent rester tel qu'ils sont, et ne veulent pas entendre parler de changement. Vive la liberté ! ^^

Alors voici quelques petits exemples des confusions que la plupart des gens font. Ou de ces vessies qu'ils prennent pour des lampes.

La liberté. Ce que les gens appellent la liberté est en fait de l'esclavage déguisé. Ils dépendent d'un groupe de personnes qui dirigent le monde, font les lois, fabriquent de l'argent qu'ils revendent ensuite à la masse de gens, qui eux, travaillent comme des esclaves sans jamais un jour se poser la question du pourquoi et du comment.

Si on leur demande de choisir entre une cellule et un cachot par exemple, ils diront presque tous : « *chouuueette, nous avons la liberté de choisir. Oouiiii nous sommes libres. Alors choisissons !* ». Pourtant cette liste de choix est le choix de ceux qui dirigent. C'est comme si on vous demandait de choisir entre "OUI et YES"

L'amour. Les gens voient l'amour partout. Un désir sexuel, oh c'est l'amour. Un manque affectif, oh c'est l'amour. On va en guerre tuer les méchants dictateurs, oh c'est l'amour, au nom de la liberté des pauvres peuples opprimés.

Dépendance financière, sanguine, affective, sécuritaire, …, tout cela est confondu à l'amour. Résultat : aujourd'hui pour presque tout le monde, l'amour est un non-sens. Un paradoxe. C'est cette bonne chose qui fait horriblement mal. Qui fait souffrir, qui rend fou, qui rend meurtrier et tout ce que nous voyons tous. Vive l'amour !

Progrès scientifiques. Aujourd'hui tout le monde ou presque, est sous l'autorité des grands scientifiques. "*S'ils le disent c'est forcément vrai !*" Ce progrès ou développement est plutôt un désordre épouvantable. Un système financier basé sur le crime et le chaos.

90% des créations apportent un « plus », mais avec comme cadeau, des centaines de « moins ». Le déséquilibre dans tous les secteurs : familial, éducatif, sanitaire, sexuel… Quel super progrès chers humains !

Les aides de l'État. Dans plusieurs pays, surtout dits développés, il y a ce qu'on appelle subventions, allocations, couvertures, crédits à la consommation et etc. Il y a également certains États qui sont tellement endettés et bourrés de problèmes, mais tellement remplis d'amour, qu'ils sont presque obligés d'aller en aide à d'autres, au détriment même de leurs propres populations...

Tout cela est vu par la grande majorité comme une bonne action. Quel humanisme !" Mais qu'est-ce qui se cache derrière tout cela ? N'est-ce pas une nouvelle forme d'esclavage plus romantique et "comestible", pour rendre les gens paresseux, et dépendants du système ? Pourquoi on apprend pas aux gens à pécher, mais on se contente de leur donner du poisson (et encore c'est pas gagné) ?

Et quant à ces grands amoureux qui s'empressent de faire des dons et des prêts aux pays pauvres. Pourquoi ne pas simplement les laisser respirer et leur apporter la technologie et l'aide nécessaires pour transformer et commercialiser leurs matières premières chez eux ?...

C'est cela l'aide ?

Bref, c'était juste une petite publication. Je ne vais pas tirer de long en large. Mais vos réactions sont les bienvenues. Que pensez-vous de tout ceci ? Et par rapport à cette fameuse vue, cette façon tronquée de voir de la grande majorité, allez-vous admettre une chose pareille ? ^^

P.S. N'oubliez pas de remonter pour relire la phrase dont je vous ai parlée.

Le Rapport.

"Le rapport, c'est comme l'argent, seul en manquer pose problème. Le
rapport n'est pas une commande qu'il suffit d'activer ou de désactiver,
ce doit être un flux continu. Règle numéro un de la communication : établir le rapport avant d'espérer que l'on vous écoute, quels que soient l'interlocuteur et la situation : avec un professeur, un élève, son conjoint, un ami, un serveur, un chauffeur de taxi, un entraîneur, un médecin, un thérapeute ou un dirigeant d'entreprise."

Le rapport est essentiel à toute communication. Avant même d'espérer qu'on vous écoute, et encore moins qu'on vous comprenne, vous devez établir le rapport avec l'interlocuteur, quel qu'il soit, et quelle que soit la situation et le contexte.

Ça peut être un ami, un agent commercial, un boulanger, un inconnu, votre conjoint, votre enfant, votre élève, votre coach, etc.

Être en rapport avec une personne c'est la respecter, et mener une conversation bénéfique et sans stress. Vous n'avez pas besoin d'aimer la personne, ni de vous ressembler. Vous pouvez même avoir des différences. C'est d'ailleurs dans ce dernier cas, que le rapport est plus significatif. Car on établit une bonne relation, tout à fait productive pour nous, que ce soit en énergie, en temps et souvent en argent.

Pour être en bon rapport avec les autres, il faut d'abord être en excellent rapport avec soi-même. C'est à dire se connaître, connaître ses comportements. Ensuite se maîtriser soi-même. Ainsi en modulant ces comportements selon les cas, on peut établir un bon rapport avec les autres, et avoir une vie tout à fait saine, et sans stress inutile.

Le seul effort à faire pour établir le rapport et même créer un lien avec une personne, c'est de la connaître un peu plus. De savoir ce qui l'intéresse, ce qui est important pour elle. Dès que c'est fait, vous pouvez donc faire preuve d'un peu de souplesse, modifier un peu vos réactions et votre comportement pour établir ce fameux rapport avec cette personne.

N'attendez pas que la personne s'adapte à votre style, mais, à vous de le faire, sans vous perdre !

Aussi vrai que vous deviez entretenir une bonne relation avec toute personne, vous devez Choisir avec qui établir un rapport. Cela va dépendre de vos objectifs ou buts du moment, ou simplement de ce à quoi vous aspirez. On revient ainsi sur la règle fondamentale :

Ce qui est bien est tout ce qui permet ou facilite ou accélère (ou converge vers) la réalisation de mon but. Ce qui est mal est tout ce qui empêche ou freine (ou nuit ou s'oppose à) la réalisation de mon but.

L'éloignement et le rapprochement dans la prise de décision.

Il existe deux types de profils qui détermine comment chacun de nous prend une décision. Le profil d'éloignement, celui des personnes qui veulent s'éloigner de la douleur. Le profil de rapprochement, celui des personnes qui veulent se rapprocher du plaisir.

pour motiver une personne du profil d'éloignement, pour le pousser par exemple à faire quelque chose, il faut le menacer délicatement. Par exemple : si tu ne passes pas à l'action, tu vas rater à jamais cette occasion. Si tu ne fais pas le sport, tu vas te rendre malade. Si tu ne fais pas ci, tu vas perdre ça.

Par contre pour pousser une personne du profil de rapprochement à faire quelque chose, il faut lui montrer/rappeler l'avantage qu'il va en tirer. Si tu fais ci, tu auras ça. Si tu lis ce livre, voilà comment ta vie sociale et financière va s'améliorer.

Il est donc essentiel pour vous de savoir distinguer à quel type de profil appartient votre interlocuteur. Ainsi vous pourrez être beaucoup plus percutant dans votre communication.

Voilà un exemple de question pour vous aider à détecter le type de personne.

Qu'y a-t-il d'important pour vous dans ....

Et en prenant l'élément de réponse, demandez à la personne

Qu'y a-t-il d'important pour vous dans (l'élément) ...

Et refaite la même chose avec le prochain élément.

Avec la première question la plupart des gens tendent à répondre pour un rapprochement ou une recherche d'un bien, ou d'un plaisir.

Et avec les deux autres, on voit sa tendance principale.

Exemple :

Qu'y a-t-il d'important pour vous dans votre emploi ?

Et bien je peux avoir un certain épanouissement. (Profile rapprochement. Un truc à obtenir)

Qu'y a-t-il d'important pour vous dans l'épanouissement ?

Je suis à l'abri du besoin et du stress. (Profile d'éloignement. Un truc à éviter)

Qu'y a-t-il d'important pour vous dans le fait d'être à l'abri du besoin ?

C'est que je ne me soucis plus de comment je vais payer les études de mes enfants. (Profil d'éloignement. Un truc à éviter : les soucis d'argent)

Donc cette personne est comme la plupart des gens, d'un profil d'éloignement.

Autre exemple.

Qu'y a-t-il d'important pour vous dans votre profession ? Sauver des vies. (Profil de rapprochement. Un truc à obtenir : résultat positif) Qu'y a-t-il d'important pour vous dans le fait de sauver des vies ?

Voir l'espoir et la joie dans le regard de toutes ces personnes. (Profil de rapprochement. Un truc à obtenir.) Qu'y a-t-il d'important pour vous dans le fait de voir cette joie ?

Je me sens comblé et accompli. (Profil de rapprochement. Un truc à obtenir)

Ainsi la personne est évidement d'un profil de rapprochement.

En ce qui concerne la vente, tâchez de décoder la structure du langage de votre prospect. Veut-il votre produit pour obtenir un bien fait ou alors pour éviter un problème ?

En marketing relationnel, vous avez un prospect. Mais quelle est son profil ? Veut-il plus d'argent ? Ou simplement, il veut plus travailler autant d'heures par semaine, pour une misère ?

Si vous connaissez son profil, vous êtes plus à même de vous faire entendre et comprendre : La fameuse connexion.

Mots du profil de rapprochement « accomplir », « obtenir », « avoir »,

« atteindre » ou « inclure ».

Mots du profil d'éloignement « éviter », « enlever », « empêcher », « se débarrasser » ou « solution »

Des difficultés aux préoccupations. CHANGEZ VOTRE FAÇON DE PENSER.

Comment faire face aux difficultés de la vie ou aux problèmes ?

La plupart des gens profitent d'un problème pour rendre leurs vies encore plus difficiles...

Comment éviter cela, et tirer d'ailleurs profit des problèmes ?

La CLEF ici c'est la compréhension de la différence entre problème et préoccupation. Quelle est-elle ?

Le texte est long ! Mais c'est le minimum à dire sur ce sujet.

Dans la vie pour être heureux et tranquille, il faut se rendre maître dans l'ART DE BIEN RAISONNER. Ou de savoir prendre les choses. Si on sait prendre les choses, par exemple, savoir quand lutter, et quand montrer l'autre joue, et bien on se préserve. On accumule beaucoup d'énergie. On ouvre plus grandement, cette porte en nous, par où arrive la joie, l'amour, la paix, venant de Dieu.

Je ne prétends pas vous dire ici tout ce qu'il faut pour avoir cette manière "JUSTE" ou CORRECTE de penser. Mais en général c'est ce à quoi je travaille dans ce mur. Et aujourd'hui on va donc voir un autre élément qui concourt à cela.

L'une des premières choses à accepter et comprendre dans la vie c'est celle-ci : Ce monde ne m'appartient pas !

Quand on a compris parfaitement cette petite phrase, on se sent déjà beaucoup mieux.

Voyez vous-même !

Ce monde n'a pas été créé par vous. Il a ses lois et vous devez vous y soumettre. Vous ne pouvez pas vos obstiner à lutter contre des choses qui ne sont pas (encore) en votre pouvoir. Quand vous pourrez créer votre propre monde, vous aurez toute latitude pour y faire régner vos lois. Mais en attendant, la logique, est que vous puissiez accepter (voir) les choses telles qu'elles sont (réellement).

L'une de ces choses c'est : un problème. Par problème, j'entends une situation difficile qui se présente dans la vie. Un problème de santé, un problème au boulot, problème d'argent, problème dans le couple. Un accident, un incident, etc...

La vie ici est faite ainsi ! Il faut l'accepter si on veut vivre en paix. Il y a ici-bas, des moments paisibles, plaisants, fastes. Mais il y a aussi des moments difficiles, désagréables, néfastes. C'est ainsi ! Vous ne devez pas vous offusquer par rapport à ça.

Il y a différentes saisons. Il y a des opportunités et des difficultés. Il y a la lumière et il y a les ténèbres. Il y a le jour et il y a la nuit. Il y a la naissance et il y a la désincarnation (la mort). Il y a la croissance et il y a la décroissance.... C'est normal. Et en tant que tel, on peut et on doit se dire que tout cela est BIEN, et l'accepter.

Le souci c'est quand on s'offusque et se rend malade à cause de ce qui EST.

Entre nous, ça change quoi de se fâcher à cause de la nuit par exemple ? Est-ce que cela va faire disparaître la nuit ? Non ! Est-ce que cela va vous rendre plus heureux de vous offusquer ? Non au contraire, vous faites d'un fait, ou d'un problème, une préoccupation mentale. Qui va rendre plus difficile votre vie (ou votre situation).

La façon raisonnable de faire, n'est-ce pas d'éviter d'ajouter des problèmes à des problèmes ? Bon, sauf si on adore les problèmes. Peut-être est-ce la seule façon de se sentir vivant que nous avons trouvée ? Ça c'est une autre affaire...

Mais si on veut la paix, la tranquillité et le bonheur, on devrait éviter d'aggraver les choses. Et ne plus faire en sorte qu'à partir d'un problème, on puisse former et développer une préoccupation. Et le pire c'est que le problème demeure. On obtient donc au final un problème et la préoccupation. Ce qui est égale à un GROS problème. Ah c'est bête hein ?

Qu'est-ce que j'entends par préoccupation ?

C'est un emballement du centre mental, ou du penser, quand survient une difficulté. Prenons en exemple cette situation : manque d'argent + enfant qui tombe malade. Le papa ne sait pas comment faire. (Oui dans certaines régions du monde, si on a pas de l'argent, on ne peut pas se soigner...).

Alors le papa se met à paniquer, à réfléchir, à flipper, à objecter contre tout : Dieu, la vie, la nature, les hommes, les bêtes, tout. Il se met parfois en colère. Il se met à protester, il se lamente… Résultat : il se rend lui-même malade. Car la pensée agit énormément sur le corps physique. Et l'enfant malade captant toute cette vague de négativité, ne peut que voir son état s'empirer.

Je comprends que beaucoup de gens pensent (et c'est bizarre) qu'exprimer de la tristesse, se lamenter, s'indigner, objecter, s'irriter, s'écœurer, s'outrer, …, (c'est-à-dire dégager des énergies négatives – car c'est ce que c'est en réalité) sont des actes (preuves) d'amour, ou de compassion ou d'empathie… Mais le positif n'est-il pas un meilleur présent que le négatif ? Surtout pour quelqu'un qui est déjà tourmenté par la souffrance ?

En s'identifiant ainsi avec ces peurs et/ou ces préoccupations, ce qui passe est qu'on entre dans les ténèbres. Nous perdons notre lucidité. Notre vision intérieure s'obscurcit. Dans notre tête (mental) ça devient la fin du monde. On fait ainsi de notre problème, un problème apocalyptique. Et on se dit : "Comment vais-je faire ? Par où vais-je commencer ? Oh mon Dieu !!! …".

C'est souvent ainsi qu'on se ferme les yeux. On passe à côté des opportunités, et on attire plus de difficultés. Car on est de plus en plus identifié mentalement au problème en question. On devient aveugle. On imagine que tout est perdu. Notre petit monde s'écroule…

Cependant c'est faux ! On a toujours eu des soucis, et finalement tout est passé. Tout passe ! Mais tant qu'on est plongé dans cette obscurité qui nous rend malade, nous déstabilise et qui fragilise notre Essence, et bien, on ne perçoit pas une lueur d'espoir. Et notre façon de réfléchir devient très limitée et approximative ... Bref !

La solution à tout ceci est tout à fait évidente.

Vous devez vous détacher émotionnellement et mentalement des difficultés qui se présentent à vous. C'est pourquoi vous devez croire et comprendre parfaitement que votre identification aux problèmes ne mène nulle part.

Puisque de toute façon, quand viendra le moment de la résolution du problème, ou que se présentera une opportunité à cet effet, cela se fera, avec ou sans vos agitations. Mais en passant, vous aurez perdu beaucoup de choses par cette attitude négative. Vous aurez également gâché des opportunités d'acquérir des valeurs. Et aussi vous aurez certainement retardé la résolution du problème.

Ainsi il est beaucoup plus, en toute objectivité, productif et profitable de vous détacher (mentalement et émotionnellement) de vos problèmes. Apprenez à penser correctement. Mais en plus, apprenez à exploiter un problème afin de grandir intérieurement. C'est face aux épreuves que nous avons la chance de faire un GROS profit à l'intérieur de nous-même…

Pour se détacher du problème, il faut l'oublier. Oui, ça fait peur hein, d'oublier le problème ? Mais c'est plus productif.

Surtout n'ayez pas peur de paraître irresponsable ou sans cœur. Ça n'a rien à voir. Et puis si ça aide, peu importe ce que les autres pensent. Oubliez d'abord. Laissez ce bon vieux mental se calmer. Utilisez d'autres centres, comme le centre moteur (celui des mouvements et réflexes physiques) et le centre émotionnel. Laissez passer (circuler) les mauvais nuages. Au final c'est vous qui allez gagner. Faites du sport, bougez, faites du cheval, chantez, dansez, allez en ballade… Mais oubliez d'abord le problème !

Une fois que le mental s'est bien rétabli, voyez comme solutions, ouvertures et inspirations accourent vers vous ...

Ceci n'est une chose qu'on acquiert en un jour. Il faut apprendre, il faut expérimenter. Et c'est chouette ! Vu qu'il y a beaucoup de situations difficiles qui se présentent à nous, à différents degrés chaque jour. Ça fait donc beaucoup d'occasions pour travailler à devenir meilleur. Pour apprendre à penser juste, à sentir juste et donc à agir juste. Le Top quoi ! ^^

Ne démarrez aucune affaire avant d'avoir lu ces 3 "comment" à propos des idées.

Cet article est la suite logique de l'article UNE IDÉE ÇA NE VAUT RIEN ! Il comprend 3 articulations :

- Comment définir une idée ?

- Comment trouver une idée ?

- Comment transformer votre cerveau en une machine à idée ?

1- Comment définir une idée ?

Une idée est une conception mentale. C'est donc une substance ou un objet purement mental. Que ce soit un plan, une solution, une hypothèse, un projet, etc, ça reste purement imaginatif, c'est-à-dire dans notre tête. C'est même moins concret que du vent ^^

Maintenant pour revenir dans le domaine qui nous intéresse, celui des affaires, nous pouvons dire qu'une idée est l'expression mentale de la manière ou de la façon de régler un problème précis, ou alors de faciliter une situation initiale, et d'en tirer profit.

Ainsi une idée est fonction d'un besoin. Que ce soit le besoin de produire (ou d'améliorer ou d'amplifier) du plaisir, du bonheur, ou celui d'éviter une douleur, une souffrance ou une difficulté.

2- Comment trouver une idée ?

Alors pour trouver une idée, il suffit de trouver un problème à régler, ou une situation à améliorer. Seulement ça ne s'arrête pas là.

Car il faudrait que la solution soit réalisable, et qu'elle corresponde au contexte socio-économique d'une région particulière.

C'est ainsi qu'une idée qui pourrait se révéler excellente, en théorie, au Cameroun, serait une idée nulle en Norvège. Ou encore une bonne idée dans un pays comme la Belgique, pourrait être une idée hors-sujet au Bénin. Etc.

Ainsi pour trouver une idée pertinente il faut :

- Détecter un problème ou un besoin sérieux et pertinent (qui en vaut la chandelle).
- Déterminer si c'est réalisable dans le contexte du pays où on se trouve, ou du moins du continent, en tenant compte de ses forces et ses limites.

- Définir comment cette idée pourrait être appliquée ou réalisée afin de véritablement remplir son rôle.

Un petit exemple.

Une entreprise qui fait dans la vente des appareils électroniques/électriques dans un petit village au centre de Yaoundé fait le constat selon lequel, ENEO, la société qui gère le gâteau de l'électricité au Cameroun, n'a de cesse de briller (sans mauvais jeu de mot) par sa capacité à plonger les populations, surtout celles des petits villages, dans les ténèbres.

Pourtant, sans trahir un secret, le développement de ce pays partira de ces petits villages. Et pour cette révolution, l'une des premières armes est évidemment l'énergie électrique. Si on laisse son business entre les mains des entreprises étrangères, incompétentes de surcroit, comme ENEO, c'est qu'on est un peu maso ...

Bref le problème est là. Quelle peut bien être la solution que peut vendre ou proposer cette petite entreprise ?

Et bien proposer des appareils qui tournent à l'énergie solaire. Car il se trouve que le Soleil aime particulièrement nos beaux et riches pays Africains.

Cependant c'est bien beau d'apporter l'énergie solaire, mais est-ce adaptée pour les gens de ce village ? Les gens auront-ils vraiment la volonté de s'embêter avec ces nouvelles technologies qu'ils pourront juger compliquées de prime abord ? Auront-ils les moyens pour se procurer ces appareils ?

Avec toutes ces questions, et quelques recherches auprès des fournisseurs, la petite entreprise peut voir qu'il existe une possibilité de vendre des appareils utiles pour ces gens.

Comme des petites plaques solaires pour charger leurs téléphones, des lampes solaires, et des plaques solaires pas trop chères, qui permettent d'avoir de l'électricité suffisante pour la télévision, et les ampoules du salon au moins. Et ainsi de suite.

Alors voilà une idée qui vient d'un problème pertinent. Et une réflexion qui permet de voir si l'idée peut, ne serait-ce que sur le papier, avoir une petite chance d'être réalisée et acceptée.

Ça c'est l'idée ! Et vous pouvez en avoir comme ça, dans toutes les situations. Et ici en Afrique, il y a tellement de problèmes, que les idées ne devraient jamais nous faire défaut.

Seulement, vous convenez avec moi que tout ceci ne vaut rien (en référence avec l'article précédent ici), si et seulement si vous ne testez pas votre idée très rapidement auprès des utilisateurs. Et ce sont eux qui vont décider si oui ou non cette idée vaut la peine d'être effectivement réalisée.

Pour tester vos idées => Par ici !

3- Comment transformer votre cerveau en une machine à idée ?

Il existe un lien fort entre le développement de l'esprit économique, ou alors de l'intelligence financière ou intelligence économique et les idées.

Déjà l'intelligence économique est le fait de transformer votre cerveau en un ordinateur ou une machine à détecter les problèmes pertinents, dont les solutions peuvent vous rapporter un profit économique. Et donc à la place de votre cerveau actuel, vous aurez une machine à idées !

C'est très simple d'y arriver. Il suffit de vous exercer et c'est tout. Pas facile hein ? Mais simple à dire :

- Vous devez vous inspirer des idées des autres. Ceci signifie que vous devez devenir un adepte de la lecture.
- Vous devez devenir un expert en imitation/copie intelligente. C'est-à-dire que vous devez apprendre à copier les autres (les meilleurs surtout), afin de vous servir de cette copie pour, avec votre essence personnelle, créer quelque chose d'unique.

C'est ainsi qu'avec les idées des autres, vous pourrez faire une réadaptation et créer les vôtres en masse. Pourquoi perdre le temps à vouloir réinventer des choses qui existent déjà ? Agissez de la manière la plus efficace et productive possible !

- Vous devez raisonner et agir dans la vie de tous les jours, comme un analyste programmeur. Je ne vous demande pas de faire forcément des études pour acquérir cette compétence, mais simplement d'être en mode : "je trouve moi-même une solution pour tout problème que je rencontre dans ma vie de tous les jours, quel qu'il soit".

Habituez-vous à résoudre tous les problèmes avec des solutions nouvelles et ingénieuses, comme si vous étiez un ingénieur. Même pour les problèmes les plus banals.

Vous avez un souci avec votre chaise de bureau, trop basse, trop haute ? Et bien trouvez une solution ! N'attendez pas qu'on vienne vous aider. Forcez-vous à réfléchir, creusez votre cerveau, servez-vous des outils en votre disposition.

Votre sauce est trop salée, que faire ? Votre enfant est trop paresseux que faire ? Votre ordinateur n'a plus de touche "J" que faire ? Avant de demander de l'aide, réfléchissez, bricolez, essayez des trucs. De grâce, n'ayez pas peur de faire de la casse en passant.

C'est ainsi, en vous forçant à creuser, à réfléchir, à tester, à essayer, que vous allez développer votre cerveau, et il va devenir une machine terrible et puissante.

Dans le domaine économique, vous allez logiquement faire de même. Vous avez un souci pour doubler votre production ? Un souci avec un concurrent ? Un souci avec la fermentation trop rapide de vos produits ? Un souci pour avoir un logement ? Un souci pour avoir un partenaire financier ?

Un souci pour faciliter votre production ? Vous avez un handicap, comment vous en servir pour plutôt améliorer votre rendement ?

Il vous manque quelque chose ? comment l'obtenir ? Qui l'a déjà ?

Pouvez-vous apporter quelque chose à celui qui l'a en échange ? Comment obtenir cette chose ? Qui l'a ? Pouvez-vous l'obtenir vous-même ? Que vous faut-il ? Une formation ? Un emploi pour espionner ? Une relation ? Etc.

Voilà comment vous devez raisonner et réfléchir !

Tout cela est possible quand votre cerveau est déjà apte. Si et seulement si vous le musclez chaque jour, avec les moindres choses de la vie quotidienne.

Dites-vous toujours que vous êtes un ingénieur comme Michael Scofield, le héros du feuilleton télévisé Prison Break. À chaque obstacle ou difficulté, même la plus désespérées, Scofield garde son calme et se débrouille pour trouver une solution avec les moyens du bord.

En réalité, la solution est toujours très proche, elle est toujours là. Mais nous sommes tellement aveuglés ou bornés, et non exercés à penser d'une certaine manière qu'il nous est impossible de voir cette solution. Encore moins de trouver, par inspiration, un moyen de se servir des outils, et des atouts ou même des personnes que nous avons autour de nous, pour régler un problème ou atteindre un but précis.

Donc le secret est là : Changer la façon de réagir face à une situation. Plutôt que de pleurer, se plaindre et gesticuler, ce qui diminue le pouvoir de résolution des conflits de notre cerveau, nous devons garder la tête froide autant que possible.

Et ensuite nous devons nous poser les questions suivantes : "Voilà la situation difficile à laquelle je suis confronté. Il y a une solution, même si je ne la vois pas encore, mais je sais qu'elle existe et je vais la trouver. Qu'est-ce que je veux ? Mais que me faut-il ? Où se trouve ce que je veux ? Qui l'a ?" Etc...

Quand vous aurez développé à un certain degré votre machine à idée, ou à résoudre les problèmes, vous verrez des opportunités partout.

Vous verrez les faiblesses et les forces des objets, des lieux, des personnes, du premier regard, et vous saurez surtout manager tout cela pour atteindre vos buts. Sans que rien ni personne ne puisse vous y empêcher. Tout ce que vous ferez sera calculé et prévu au millimètre près. Pendant que les autres seront en train de pleurer et se plaindre.

⚠ Alors vous voyez qu'il y a une limite à tout ceci : c'est celle que vous vous fixez vous-même.

Si vous vous dites : "Ah ce sont des trucs de génie, et moi je n'en suis pas un". Ou alors : "Il me faudra trop de temps, c'est trop difficile, c'est impossible, je ne vois pas comment je vais y arriver...", alors, vous avez perdu avant même de commencer.

Mais par contre si vous êtes capable de passer au-delà de ces limites mentales, et de ces doutes, de ces peurs, et que vous arrivez même à changer votre langage, alors là et seulement là, vous pourrez prétendre à développer votre intelligence économique, et faire de votre cerveau un nid d'idées rentables.

Je répète : 🔥 SI VOUS ÊTES CAPABLE ! 🔥

Ainsi, il s'agit de disposition mentale et de rien d'autre. Si à ce niveau vous êtes faible, si vous n'avez pas cette force de vous dominer vous-même, si vous êtes négatif, petit dans l'esprit (le mental) alors un seul conseil : commencez à bosser pour acquérir ces dispositions.

En somme, nous avons vu ce que c'est qu'une idée, et comment avoir ou trouver une idée. Et enfin comment transformer votre cerveau en un cerveau utile pour tous. Cependant je vous répète que :

- Si vous n'avez pas la bonne disposition mentale,
- si vous ne testez pas vos idées,
- et si vous ne passez pas à l'action,

alors vous perdez lamentablement votre temps !

Une idée ça ne vaut rien !

Oui, une idée ça ne vaut rien. Mais à un détail près !

Avant de commencer ce nouvel article, je vous invite, si ce n'est pas déjà fait, à liker cette page et à la partager au max. Même si vous n'êtes pas trop intéressé, vous pouvez en quelques secondes, faire que plusieurs dans vos contacts, qui eux seraient intéressés, découvrent cette page. Pour cela il vous suffit de les inviter vite fait à la liker.

Bon, passons aux choses sérieuses !

Commençons par mettre les points sur les "i"

Une idée n'appartient à personne ! En fait une idée peut difficilement se trouver dans la tête d'une unique personne dans tout le monde entier. Il est grand temps de vous décomplexer sur cette affaire.

Les cerveaux de tous les humains sont connectés. Tous baignent dans la même énergie.

Cela signifie que votre idée, aussi formidable que vous croyez qu'elle soit, peut se retrouver dans votre tête ici à Yaoundé, dans ce village où je me trouve à l'heure actuelle, et en même temps se retrouver dans le cerveau d'une personne se situant en Inde. Nous baignons tous dans le monde des idées. Et donc les idées sont les choses les mieux partagées au monde.

De grâce enlevez toute trace d'égoïsme au niveau d'une idée ! Il n'y a rien de nouveau sous le soleil.

Une idée c'est donc rien. C'est juste une pensée, une chose volatile sans réelle valeur. C'est zéro ! C'est pourquoi on dit qu'il est possible de créer une entreprise en partant de zéro. Car une idée c'est zéro !

Mais à quelque chose près que c'est quand même la valeur initiale. On part de là pour accomplir quelque chose.

À présent je peux compléter ce que j'ai dit au départ : Une idée qui n'est pas mesurée, jaugée, testée, et donc exécutée, ne vaut rien !

Là c'est plus clair !

Ainsi vous pouvez avoir toutes les belles idées au monde, mais si vous vous contentez de votre idée, de la peaufiner durant des mois, de l'écrire dans un parchemin et de la garder dans un coffre-fort..., c'est tout simplement stupide !

Une idée doit passer des épreuves. Et c'est seulement si elle réussit celles-ci qu'elle devient une idée d'entreprise, un projet d'entreprise, le début d'un business. Avant ça, c'est que dalle !

Donc l'essentiel c'est en fait la façon de mettre en œuvre ou d'exécuter votre idée. C'est ça qui fait la différence !

5 personnes peuvent avoir la même idée, mais l'exécution de celle-ci par chacune des 5

personnes sera différente. Et c'est cela qui va déterminer le degré de succès ou d'échec.

Ainsi voyez-vous, l'exécution d'une idée, son implémentation (ce qui revient au même quand je parle de la mesurer ou tester), est ce qui est le plus difficile à réaliser. Et c'est là que votre génie personnel et votre ingéniosité doivent agir et vous faire sortir du lot.

C'est l'exécution de votre idée, y compris la façon que vous allez régler les problèmes rencontrés sur le terrain et etc, qui est votre Secret d'État. Pas l'idée en elle-même ! Et soyons franc, si vous avez une idée, et que vous la partagez, et qu'une personne l'exécute mieux que vous, est-ce une mauvaise chose ? Ou du vol ? Non ! C'est entièrement son mérite, d'avoir eu le talent et l'intelligence suffisante pour l'exécuter aussi bien.

Ça peut faire mal à votre ego, mais c'est ça la stricte réalité. Cette personne a usé de ses propres capacités pour exécuter l'idée et ainsi pour lui donner forme. Vous, le seul truc que vous avez fait, c'est de capter une pensée venant du monde des pensées, comme n'importe quel humain banal peut le faire. C'est tout !

Et encore, je pense qu'il est bien de partager vos idées avec des personnes bien ciblées. Car cela vous donne la force de vous lancer rapidement dans leur exécution. C'est une sorte d'engagement. Et en plus, en la partageant, vous pouvez trouver des personnes qui proposeront de l'exécuter avec vous.

C'est mieux que d'essayer de cacher votre idée. Rien à faire, même en la cachant dans votre coffre-fort scellé, c'est une question de temps avant qu'une autre personne capte la même pensée, et se mette peut-être au travail. Et là vous en croirez pas vos yeux. Ce sont des cas qu'on rencontre fréquemment.

Ne pensez donc pas que vous êtes en train de livrer un secret en parlant d'une idée ; de toute façon, qui ne vous dit pas que quelqu'un d'autre a déjà eu la même idée ?

Alors vous l'avez compris, le plus important c'est la façon de concrétiser votre idée, la façon de l'exécuter, ou de la faire prendre chair ! C'est cette recette-là, cette formule-là que vous devez garder secrète, et si et seulement si, cette recette a montré sa valeur.

Ne perdez donc plus de temps, lancez-vous directement, de peur que quelqu'un de plus rapide et pragmatique que vous, ne se mette à l'exécution de l'idée, et bien sûr qu'il soit plus courageux, passionné et intelligent au point d'en faire son œuvre d'art à lui. Sa recette ! Et qu'il se positionne ainsi comme la référence du domaine. Et il fera de vous un suiveur et non un leader.

"Le génie est fait de 1% d'inspiration et de 99% de transpiration." Thomas Alva Edison

Votre idée a-t-elle assez de poids pour devenir une entreprise ?

Arrêtez tout tant qu'il est encore temps, à propos de vos projets, si vous ne pouvez pas répondre sans réfléchir à cette question. Et faites ce qui va suivre !

L'idée est la base de la création de toute entreprise. Mais une idée est la chose la mieux partagée au monde. Si ! On peut avoir des tas d'idées, on peut s'inspirer des autres, ou se cultiver en lisant plusieurs livres, fréquenter les différentes couches de la population pour déceler leurs problèmes. Et ainsi s'inspirer de ces problèmes et difficultés pour former des idées. Des idées d'entreprise !

Ceci : la recherche des idées ne devrait donc poser de problème à personne. D'ailleurs nous vous aidons, si vous le souhaitez, gratuitement à trouver des idées. Seulement le plus important c'est la pratique. Ou encore l'exécution de l'idée.

Cela consiste à tester, tester, et encore tester votre idée. Pour voir ce qu'elle vaut, et si elle peut devenir un véritable projet
d'entreprise.

Le moyen le plus sûr de tester une idée, c'est de la soumettre aux utilisateurs et de voir s'ils sont intéressés. Si votre idée les
enchantent. S'ils ont besoin de votre solution. S'ils sont prêts à
dépenser leurs sous pour acheter votre solution (votre produit ou service !).

Si c'est le cas, alors votre idée a passé l'épreuve. Et vous avez là, la base concrète de votre business. Les fondations de votre propre entreprise…

Si vous ne testez pas vos idées, vous courrez le risque de suer, de transpirer et de gaspiller énergie, temps et argent, sur la fabrication ou la réalisation d'un concept, d'un programme, d'un service ou encore d'un produit dont personne ne veut ! Alors vous serez à peu près les seuls, avec certainement quelques amis, à utiliser vos produits.

C'est donc ça le moyen le plus sûr de perdre votre temps et de foncer droit dans le mur du domaine entrepreneurial. Tout ça parce que vous voulez mettre de l'essence dans une voiture sans moteur ! Et vous avez négligé un détail important :

Une entreprise vit (tourne ou fonctionne) seulement grâce à ses clients. S'il n'y a pas de clients, et bien il n'y a pas d'entreprise. Les vrais patrons de l'entreprise ou encore le nerf de la guerre de toute entreprise, ce sont les clients !

Alors ne créez pas une entreprise pour vous et votre famille. Prenez en compte les besoins RÉELS des potentiels clients. Faites les choix, les choses, en fonction d'eux. Ce sont eux qui doivent utiliser votre service ou produit, et le valider.

C'est-à-dire qu'ils vous diront si oui ou non ça les intéresse. S'ils en ont besoin, et s'ils sont prêts à voir ce service ou ce produit évoluer, et comment...

Ainsi arrêtez tout de suite la rédaction de ce business plan ! Arrêtez tout de suite de faire ces études bidonnes de marché. Il est encore temps d'arrêter de remplir votre ordinateur avec des plans marketing, des plans d'actions, et blablabla, alors que vous n'avez même pas encore testé votre idée.

Jetez-vous à l'eau dès maintenant ! Et faites passer votre produit sur la table des membres du jury que sont les utilisateurs. Et eux vont soit l'accepter soit le rejeter ! C'est le moyen le moins risqué et le plus intelligent de faire du business.

C'est également l'art de vendre avant de produire. D'avoir des clients et des fans de votre produit, avant même de réaliser complètement ce produit. Mais aussi de développer votre business avec vos clients !

Cela permet de ne pas perdre du temps sur une idée, ou un projet, ni de gaspiller des ressources qui pourraient servir à tester plusieurs autres idées, et peut-être ainsi trouver celle qui sera la base de votre future entreprise.

Il se trouve aujourd'hui, avec l'évolution terrible du Web dans nos pays africains, que ces tests, grâce aux outils web, sont devenus une vraie mine d'or. Voyez à la fin de ce texte comment faire pour profiter vous aussi de ces puissants outils sans vous ruiner.

Il serait presque insensé de se passer de ces outils. Notamment :

Une landing page ou une page avec un formulaire pour recueillir les données du prospect.

Un service d'autorépondeur, pour faire des listes des contacts recueillis grâce à la landing page. Ainsi on peut les gérer, et leur envoyer des mails en groupe, qui arrivent individuellement et avec personnalisation. Ceci permet de fidéliser les clients, de les accueillir, leur faire des offres, tant qu'ils seront dans la liste. Et plusieurs autres choses.

Une Fan Page Facebook Professionnelle. Ceci est conseillé aux très petits budgets et pour une dépense minimale en temps, énergie et argent. Donc l'idéal pour un test !

Pour exécuter cette méthode, il faut bien entendu une image de marque, ou la marque qui va représenter partout votre business (c'est-à-dire logo, couleur, slogan, phrase d'accroches…). Cette page va permettre de faire gratuitement vos offres. Et ainsi de toucher un grand nombre de personnes.

Or le nombre de personnes connectées sur Facebook augmente de jour en jour. Le marché est donc là ! Surtout en Afrique !

Ici il est question aussi de mettre en place une campagne publicitaire Facebook pour toucher

plus rapidement ces personnes bien ciblées, à qui proposer votre service ou produit. Ceci est vraiment nécessaire
pour accélérer les choses.

Au lieu d'attendre des mois avec une communication rude, pour avoir ne serait-ce que des j'aime. Et en plus il y a ce délicat et costaud travail, qui consiste à faire des publications pertinentes, des commentaires, des partages, etc.

Facebook demande quelques frais pour la publicité évidemment. Mais elle est puissante ! Cependant, pas si on néglige ce que nous allons citer ensuite.

 Une politique d'écriture ou de communication commerciale correcte. Il est bien d'avoir et d'utiliser tous ces outils. Seulement si on ne sait pas cibler les profils clients, et déterminer leurs besoins RÉELS, afin d'orienter la communication commerciale, alors c'est inutile.

On peut même lancer des campagnes publicitaires sur Facebook, mais si l'annonce n'est pas correctement écrite, et si ce qui est dit n'est pas optimisé, captivant, interpellant et efficace au point de toucher les cœurs des potentiels clients, et bien, ils ne viendront pas sur votre page, ils ne réagiront pas, et n'achèterons donc pas.

Ou pire, ils viendront simplement mais sans passer à l'action, car votre annonce ne les aura pas convaincu. Et ainsi vous perdrez votre argent de la publicité pour rien ! Ou encore vous attirerez de mauvaises personnes. Celles qui viennent, mais pour demander du gratuit, ou alors juste pour vous embêter…

Ainsi, le plus important c'est de maîtriser les techniques d'écritures commerciales : Faire des textes qui vont convaincre le prospect. Des textes qui vendent à votre place.

Le but ici est non seulement de passer un message clair, mais aussi d'écrire dans un langage qui touche spécialement le prospect ciblé. Mais aussi de faire bien ressortir les avantages que va avoir le prospect en souscrivant à votre offre…

Tous ces outils sont assez faciles à utiliser et sont presque tous gratuits. Même si ça coûte beaucoup de temps et d'énergie de tout mettre en place. Surtout pour des gens qui n'y sont pas familiers.

Donc armez-vous de courage, de patience et de joie, et… ça ira !

Arrêtez de juger le bien et le mal et servez-vous-en !

« Celui qui "connaît" vraiment ce qui est mal et ce qui est bien, est justement BIEN parti, pour avancer comme un champion, dans la réalisation de ses buts. Les autres vont passer leur temps à s'étonner, et à être surpris... »

Aujourd'hui nous allons voir comment distinguer le bien du mal. Même si hier presque tout a été dit...^^ Mais comme toujours, on peut prendre l'affaire à partir de différents bouts. Et en plus, vous verrez comment réaliser votre propre aimant psychique. Ce que d'autres assimilent à la loi de l'attraction.

Il y a beaucoup de lectures et discours sur cette fameuse loi. Mais en réalité il y a encore un paquet de choses à prendre en considération pour véritablement tirer parti de celle-ci. Et c'est ce que nous allons voir. En faisant très court. ^^

Alors à quoi peut bien servir la connaissance du bien et du mal ?

D'abord parlons d'une notion très importante. Elle va nous permettre finalement de répondre à notre question. Cette notion on en a trop parlée. Il s'agit de la question des buts. Je pense que ceux qui s'intéressent au développement personnel et spirituel ont tous lu et relu, et peut-être tous les jours, l'importance qu'il y a de se fixer des buts.

Eh bien oui il faut se fixer des buts. Mais tout n'est pas si simple que ça. En fait il y a une chose hyper importante à connaître en ce qui concerne les buts. Et ignorer cela fait qu'on ne mette pas en pratique cette sage parole de Pierre-Claude-Victor Boiste : « Il faut à l'homme un but : ne pas en avoir, c'est être à demi-mort. »

De quel but est-il donc question ? S'agit-il simplement des buts ponctuels, du genre, je vais doubler mon revenu, je vais perdre 5 kilos, je vais apprendre une nouvelle langue, ? Est-ce vraiment ce genre de but qui nous fera réellement vivre et avoir ce bonheur dont on a parlé dernièrement ?

En réalité il existe différents types de buts. Et pour ne pas faire trop long on va s'appesantir un tout petit peu (oui un tout petit peu) sur un seul : le BUT ULTIME.

C'est ce but-là que chacun de nous doit absolument se fixer. C'est lui qui permet de diriger notre esprit vers un chemin donné. Ou alors il permet de rendre notre vie plus vivante !

Nous revenons donc à ce plaisir dont nous avons parlé dernièrement. Nous avons dit qu'au finish, le plus important à acquérir dans la vie c'est ce plaisir intérieur, ce bonheur intérieur et permanent que rien ni personne ne peut nous voler.

À quoi ça nous sert d'avoir des millions, et ressentir un plaisir de les avoir, vu tout ce qu'on peut réaliser avec ça, s'il suffit de les perdre pour se rendre malheureux et risquer un AVC ? À quoi ça sert d'avoir cette femme, (ou cet homme pour les femmes) si un jour elle (il) s'en va et que notre vie n'a plus de sens ? À quoi ça sert d'avoir la voiture super confortable et tout, s'il suffit qu'elle tombe en panne, pour que toute notre journée soit gâchée ?

À quoi ça sert d'avoir toutes les meilleures choses de la vie, une carrière réussie, une famille, une maison, être un bon religieux qui va au culte tous les jours, si au final on reste quelqu'un qui se plaint de tout, du climat, d'une araignée, d'un cafard, d'un bouton de chemise manquant ?

À quoi sert tout ce confort, s'il suffit de perdre ses clés pour se troubler au point de créer mille autres soucis ? À quoi tout cela sert réellement, si notre humeur, notre joie, notre paix, nos douleurs, nos réactions, nos actions, nos pensées, nos sentiments, bref si toute notre vie en général, est sur les mains des gens, des événements, du temps, des objets, des lieux… du temporel ?

Et bien c'est nul tout ça ! Ne serait-ce pas mieux d'avoir ce plaisir, cette joie, ce bonheur éternel en nous de manière permanente, et d'être imperturbable ?

Bref, les objets extérieurs apportent certes un plaisir ou un bonheur. Mais celui-ci est aussi vaniteux et temporel que ces objets. Le vrai plaisir, le vrai bonheur doit venir de l'intemporel, du permanent, de l'éternel ! En d'autres termes de Dieu, Zamba, Bouddha, Allah, Christ etc…

C'est ce bonheur venant de Dieu que j'ai appelé le plaisir intérieur. Intérieur pour faire la différence avec celui venant des objets extérieurs et temporels. Ce bonheur est aussi ce qu'on appelle la Vérité. La Vérité n'étant pas une chose intellectuelle, mais bien un état de conscience qui nous rend libre. Libre de toute chose.

Si on vous insulte, vous critique, vous humilie, ayant la vérité en vous de manière permanente, vous ne céderez plus à cette terrible envie de répliquer, d'objecter… Et mieux, vous ne ressentirez plus cette souffrance morale. La liberté c'est devenir imperturbable. La liberté s'explique symboliquement par cette allégorie :

L'Homme libre sera capable de marcher sur la pluie, sans se mouiller, les goûtes d'eau glisseront sur lui. Il pourra traverser de part en part une roche sans difficulté et sans souffrance. Il pourra affronter l'ardente présence d'un feu, le plus violent, sans que même une seule mèche de son vêtement ne soit brûlé. Et finalement, il pourra se jeter du haut d'une montagne, et délicieusement flotter dans l'air sans le moindre tourment.

Ce serait intéressant de savoir comment vous interprétez cette allégorie. Venez commenter pour nous dire à tous comment vous la comprenez ^^

Alors le but ultime de toute personne normale, devrait être d'acquérir totalement ce bonheur permanent. Ou de vivre constamment dans cet état d'extase permanente. Oui, c'est quelque chose de très grand hein ? Mais c'est ainsi ! Un but ultime doit vraiment être le top du top.

Mais on peut, et on doit parfois le diviser en étapes à atteindre progressivement. Afin de ne pas non plus se fixer un but ultime, qui pour le moment, est complètement inimaginable ou inconcevable pour notre mental. C'est en avançant étape par étape que notre conscience se renforce et nous permet de croire ou avoir foi en des réalités de plus en plus extraordinaires et grandioses.

Vous devez donner un sens à votre vie. Et cela se fait en vous trouvant un but ultime qui va orienter celle-ci. Et en plus il vous faudra trouver un langage spécial ou un habillement ou, en d'autres termes une doctrine ou encore un enseignement, ou même une philosophie ou un ensemble précis de savoirs et principes, qui vous correspond. Ainsi vous aurez les différentes lignes qui vont constituer le travail à faire pour réaliser ce but ULTIME.

Et c'est là qu'entre en jeu les écoles religieuses (ce qu'on appelle les religions) et les écoles de mystères, et les écoles d'ésotérisme…. Tous aspirent à ce bonheur, mais le nomment différemment. Et chacune de ces écoles propose un moyen d'y parvenir.

C'est pourquoi dernièrement, je vous parlais du bien dû au fait de s'entourer ou de se mettre en groupe... (On y reviendra une prochaine fois). Car si vous n'êtes ni en haut ni en bas, ni à gauche ni au milieu, ni à droite, et bien vous n'êtes nulle part. Vous n'existez pas, vous ne vivez pas...

Il faut avoir un but ultime et il faut avoir le savoir spécifique, qui vous est le plus accessible, pour mettre en œuvre tout ce qu'il faudra pour vivre en accord avec ce but, et pour le réaliser évidemment (ou du moins vous en rapprocher « *pour cette fois* », le plus possible)

Ça a l'air un peu compliqué tout cela hein ? Mais je vous assure, une fois que votre vie est ainsi classée, planifiée, cadrée, et bien la loi d'attraction agit avec une force aussi puissante qu'agréablement surprenante...

Mais oui il faut l'avouer, il n'est pas toujours évident de trouver son but ultime. Un qui ne va pas être trop éloigné de notre état de conscience actuel, mais qui devrait pourtant être assez fort, supérieur pour être digne d'être LE coefficient directeur de notre vie. Aussi il faut savoir réduire ce but en plusieurs autres buts qui sont : le but intermédiaire, le but à longue échéance, le but à courte échéance, le but immédiat…

C'est ce but immédiat qui peut être scindé encore en plusieurs autres petits buts, ou directement en plusieurs tâches quotidiennes....

Vous voyez qu'avec ceci on a plus à faire des distinctions entre les différents aspects de notre vie : sentimental, politique, social, familial, financier, spirituel, etc. Tout va se fondre ou se conformer au travail de la réalisation de notre but ultime. Tout devient UN. Ce que certains appellent *réunir l'horizontale à la verticale (de la vie) afin de former le centre permanent de conscience.*

Alors si tout est organisé ainsi dans votre vie, vous pourrez attirer puissamment tout ce qui peut aider à atteindre vos différents buts, qui vont eux-mêmes permettre la réalisation de votre but Ultime.

Tous les aspects de votre vie seront coloriés par ce but ultime : aspect intellectuel, émotionnel, vital, physique, vos projets, tout sera dépendant de ce but ultime. Et chacune de vos cellules sera concentrée sur une et une seule chose. Et cela va donc à coup sûr faire agir la loi d'attraction dans votre vie.

D'autres appellent ça la mise en place du centre magnétique. C'est comme si, en créant ainsi votre plan de vie, vous fabriquez un aimant psychique ou spirituel. Ce dernier va vous attirer des pensées, des émotions, des énergies, des événements, des personnes, ... en accord avec votre but ultime.

Vous ne serez plus dans les attentes, les doutes, les peurs et les accidents (les imprévus) ... Mais vous serez dans l'inspiration, l'intuition et l'action. Les choses se dessineront au fur et à mesure pour vous. Et vous serez assez ''éveillé'' pour reconnaître les bons outils que votre aimant vous ramènera le long du chemin. Vous ne plongerez plus dans le marécage boueux de la précipitation et de l'embrouille. Mais, que des choses vous viennent ou vous quittent, vous baignerez dans le doux nuage du calme et de la joie... Bref vous voyez... C'est cool quoi. ^^

Maintenant revenons sur le bien et le mal. Ces deux notions qui sont en réalité des forces, malgré ce qu'on peut penser, n'existent pas vraiment pour des gens désorientés. J'entends par là des gens qui n'ont pas de but ultime, et qui ne suivent pas un programme.

Pour ces gens, bien et mal sont des casse-tête chinois, fous, inharmonieux et illogiques. Ils subissent ces forces et « vivent » ainsi dans le brouillard, sans savoir s'ils reculent ou s'ils avancent.

Confucius disait : *« la conscience est la LUMIÈRE de l'intelligence pour distinguer le bien du mal »*.

Si on ne sait pas distinguer le bien du mal, on vit dans la confusion, dans le trouble, dans la peur des ténèbres de notre ignorance. On est sans direction, sans sens. Et c'est super risqué. Tout nous surprend négativement. Les événements s'enchainent sans coordination, sans direction précise.

Tout arrive, tout se fait, comme ça, de manière accidentelle ou hasardeuse (ce qui signifie tellement de causes imbriquées, perturbées et mélangées qu'on ne sait plus où se trouve la tête, encore moi la queue). C'est pourquoi avec le DL je dirai que l'homme sans orientation, sans sens, sans but ultime *« vit comme s'il ne devait jamais mourir et il meurt comme s'il n'avait jamais vécu »*.

Cependant, le bien et le mal se distinguent très facilement quand on a un but ultime. Tout ce qui favorise la réalisation de notre but, tout ce qui aide à parcourir ce chemin, tout ce qui facilite le voyage, tout ce qui concourt vers le but, est le bien. Tout ce qui nuit, ou fait obstacle à la réalisation de notre but, tout ce qui tend à nous empêcher d'avancer, tout ce qui nous retarde, nous retiens, est le mal.

Aussi simple que ça. Euh… pas tellement !

Oui mais je ne peux pas tirer de long en large, c'est déjà bien assez long à lire tout ça. Mais avec cette façon de concevoir, on voit bien que le ''bien'' n'est plus seulement ce qui nous est agréable, ou bon, ou bien, ou moral. Par exemple ne plus manger entre les repas, ne sera pas forcément agréable au début, si on est habitué à le faire. Ou même arrêter de fumer etc… Pourtant cela pourrait très bien être une bonne chose (une chose de bien), une chose qui nous aide à avancer vers notre but ultime…

Évidemment si notre but ultime tourne au tour du fait d'obtenir la Vérité, ou le bonheur permanent, on comprend aisément que notre bien n'ira pas à l'encontre du fait d'œuvrer pour le bien-être de la grande majorité, ou contre le don de soi etc. Car ce sont ces choses qui aident justement à cultiver notre propre bonheur... « *Qui sème le vent récolte la tempête* » ... Mais ça, c'est une autre histoire...

Maintenant connaissant le bien et le mal, on est superbement bien parti pour réaliser nos différents buts. Car il nous faudra à la lumière de la connaissance en harmonie avec notre but ultime, enlever progressivement ces choses qui nous empêchent ou nous freinent dans la réalisation de notre but.

Ou encore mieux, nous devons sublimer ou transformer plusieurs de ces choses et les tourner à notre avantage. Ainsi le mal devient une matière première, une substance primordiale qu'on doit travailler, manipuler, pour fabriquer quelque chose de profitable... De bien... Ce que plusieurs appellent alchimie...

J'espère que vous arrivez maintenant à mieux comprendre comment avec ceci, il devient concrètement possible de se mettre en J'espère que vous arrivez maintenant à mieux comprendre comment avec ceci, il devient concrètement possible de se mettre en *mode automatique de faire du profit*. Le profit étant bien entendu toute valeur qui permet d'avancer efficacement vers la réalisation de votre but ultime. Valeur que vous pouvez (devez) parfaitement extraire de n'importe quel domaine de votre vie.

Il y a énormément à dire sur ce sujet, et encore beaucoup de détails pratiques. Comment mettre concrètement en œuvre toutes ces choses, le but ultime, les différents autres buts ?

Comment réaliser cette alchimie de transformer le mal en bien ? Ou comment devenir un adepte de cet art martial intérieur qui consiste à retourner la force opposée à notre avancée, et de s'en servir pour doubler l'intensité de la force de notre action ? Comment se mettre en groupe sans se perdre soi-même ? Comment ? Comment ? Comment ? …. Plus tard & ailleurs...

Mais ''*celui qui fera un pas vers nous, nous ferons trois pas vers lui*''.

N'hésitez pas à poser des questions ou à participer par vos commentaires. Librement, dites ce que vous pensez de tout ceci. L'avis des uns et des autres est très intéressant et participe même à compléter la publication. Sans oublier votre avis sur l'allégorie de tout à l'heure ;)

FAISONS SIMPLE : Quels sont les rôles du Marketeur, du Community Manager, du Copywriter et du vendeur, dans une petite entreprise ?

Ceci fait partie des petites bases de Marketing que tout entrepreneur devrait avoir.

Impossible de répondre à cette question, sans te livrer, gratuitement un petit plan ou système de travail, qui marche bien pour assoir ton business.

Et même si tu ne l'appliques pas textuellement comme il est présenté, il va t'aider à voir plus clair, et tu pourras l'adapter à ta sauce, comme ça te chantera.

Les explications que je vais apporter sont peut-être basées sur le web, mais ça marche également hors ligne.

En fait il te faut impérativement un Marketeur, un CM, et un Copywriter. On peut même encore ajouter un vendeur. Si tu veux réellement exploiter ton potentiel, pour briller avec ton affaire.

Tu me diras : Mais tu es fou Emmanuel, où je vais prendre l'argent pour recruter tout ce monde. Ou de payer leurs services ?

Je ne te demande pas de recruter ou de payer, mais d'avoir. Et donc ça sera soit toi-même qui fera tout ça, mais de façon organisée, soit tes associés, tes cofondateurs, des amis, ou qui sais-je, mais tu dois impérativement avoir ces 4 fonctions clés.

Au-delà des autres fonctions telles que la production, les finances.

De toute façon après avoir lu ce qui va suivre, tu auras, ma main à couper, des idées plus claires sur ton système business.

Alors pour expliquer de manière basique leurs rôles respectifs, je vais très vite évoquer ce dont on a parlé dans la dernière formation que j'ai donnée sur le tunnel de vente adapté au contexte Africain.

En entrant dans le vif du sujet ce soir-là j'ai présenté les 2 parties clés du système de vente ou tunnel de vente, et dans chaque partie de cette machine correspond des types de communication à pratiquer.

Vu que chaque système a sa psychologie, son type d'audience, ses objectifs à atteindre, etc...

On a ainsi défini 4 types de comm', et pour cet article je vais synthétiser en 2 types, pour qu'on ne s'égare pas de notre objectif initial.

1- La communication d'audience. Elle sert à faire AUGMENTER le nombre de vos abonnés ou de personnes qui vous connaissent.

2- La communication de vente. Souvent il s'agit de campagne de comm'. Elle sert soit à transformer les abonnés en prospects, soit à transformer les abonnés et prospects en clients.

Sans entrer dans les détails, on peut rapidement comprendre à travers cela, le rôle du Marketeur, CM, Copywriter et Vendeur.

- Le CM est celui qui va gérer la communication d'audience. Dont le but principal est de développer, gérer et animer la communauté sur les réseaux sociaux.

Et pour ça il devra publier des textes. Mais pas au hasard. Il va publier des textes en suivant les instructions de la ligne éditoriale.

Et aussi en fonction de la stratégie de contenu ou de l'objectif à atteindre. C'est aussi ici qu'on influence beaucoup le public pour qu'il ait de l'affection pour la marque...

- Le Marketeur est là pour trouver des idées d'offre et de campagne pour transformer les abonnés (créés par le CM) en prospects. Et les prospects en clients. Il est donc engagé dans la comm' de vente.

Avec la direction ils s'entendent sur ce qu'il faut mettre en avant, utiliser pour attirer les gens, ou rendre les offres alléchantes... Il trouve des concepts et blablas.

Il définit la durée de la campagne. Et le nombre et le type de contenu d'attraction et de vente à produire...

Et s'il y a un infographe/graphiste. Il produit des visuels en conséquence.

Le CM va adapter son calendrier à cette campagne, son concept, et produire les contenus d'attraction (textes).

- Le Copywriter va rédiger les contenus de vente (scripts pour audio ou vidéo ou conférences, accroches pour visuels, textes). Il peut aussi donner son mot sur la conception des visuels.

Les contenus produits sont livrés au Marketeur, qui va soit les publier lui-même, soit confier la publication au CM (si c'est particulièrement pour les réseaux sociaux).

N.B : il est bien de programmer tout ça. Et le Marketeur aussi peut indiquer les publications à sponsoriser...

Le Marketeur est aussi chargé d'analyser les résultats, les réactions, pour les exploiter dans le futur...

- S'il fallait ajouter la place du vendeur, ce serait celui chargé d'agir au bout du circuit de comm'.

C'est-à-dire que si les contenus des campagnes ont des appels à l'action qui consistent à remplir un formulaire, ou à contacter l'entreprise sur

WhatsApp, c'est le vendeur qui va réceptionner toutes ces prises de contact.

Et tâcher d'amener ce monde à passer effectivement à la caisse. Il gardera le contact, les relancera...

Voilà un peu comment ça marche.
C'est assez simple.

Tu peux te débrouiller pour les ventes. Pour les textes de vente. Tu peux même te débrouiller pour les campagnes de comm'.

Donc pour un début tu peux éviter le Marketer, le Copywriter et le vendeur, et même le CM (Community manager) mais à une seule condition.

Que tu aies au moins une ligne éditoriale.

C'est pourquoi c'est le service de base que je propose aux entreprises, qui ne veulent/peuvent pas faire de grands investissements en Marketing, pour un début.

La ligne éditoriale, ne définit pas juste les différents objectifs à atteindre, les cibles, le ton... Mais surtout les thématiques à produire en fonction de ces objectifs à atteindre.

Et quand c'est moi qui me charge de faire la ligne éditoriale de ton entreprise, je m'arrange à t'apporter tous les conseils pour la rentabiliser.

Ainsi que des conseils comme ceux de ce texte. Afin que même tout seul tu puisses te débrouiller AU MIEUX.

Et pour que ton CM (même si c'est toi-même) soit apte à bien l'utiliser. Pour produire le calendrier de publication en fonction de l'objectif mensuel. Et qu'il sache sur quoi publier pour produire les effets voulus au public.

Le document ligne éditoriale va te faciliter la vie. Si tu connais bien ton domaine. Ces idées de thématiques pour produire différents effets au public, seront une source d'inspiration pour publier BIEN, STRATÉGIQUE, PERTINENT et VITE.

En plus je serai toujours là pour t'orienter, te guider, au cas où tu voudras jouer à l'apprenti Marketeur et Copywriter. Bref je suis là. Non seulement pour monter ta ligne éditoriale. Pour la mise à niveau de ton CM. Mais aussi sans oublier les autres systèmes évoqués (Marketing, Copywriting, vente).

Pour ton argent, tu auras forcément quelque chose pour commencer à mieux faire.

Au moins avec moi, tu sauras exactement où tu vas, et ce qu'il te restera encore à conquérir. Tout progressivement... on avancera.

Voici ce qui marche actuellement sur les réseaux sociaux pour avoir des réactions (pas forcément des ventes).

Et Comment profiter de cette mouvance pour tirer ton épingle du jeu ?

En fait comme on le verra vers le milieu de ce texte, c'est juste de la psychologie de base.

Des petits trucs bêtes qui marchent sur les masses, prouvant à suffisance hélas, le niveau intellectuelo-spirituel médiocre de nos gens (je préfère le dire si poliment sinon tonton Markoux va me...)

Il y a 9 ans, chacun de ceux qui connaissaient déjà le business en ligne, avait un blog. Y compris moi, je vendais mes livres et formations en MLM. Et c'était la belle vie, car il y avait peu de créateurs de contenus.

Et donc pas d'embouteillage. Pareil sur les réseaux sociaux, on avait pas la pression. Tu publies, un paquet de gens vont lire et réagir. Pas besoin de faire le clown pour attirer l'attention.

Mais aujourd'hui c'est chaud. C'est un océan de contenu, qui ne cesse de grandir. Et c'est ainsi que comme aspiré dans un trou noir, tout ce que tu crées fini par être absorbé.

C'est pourquoi pour sortir de ce trou noir, et te frayer un chemin, tu dois être TRES malin. En sachant surfer sur la vague. (Sauf si tu as déjà une forte communauté de fans, là c'est plutôt facile, tout ce que tu publies, les gens vont liker et commenter d'abord...).

Comment surfer alors ?

Il faut tout d'abord observer et comprendre ce qui marche actuellement. Ce que les gens veulent en ce moment.

Aujourd'hui dans l'écosystème africain, tout le monde peut facilement observer cette soif incroyable de plaisir dont les gens sont victimes.

Les gens sont avides de plaisir. Et le plaisir coûte cher, sauf celui qu'on peut facilement et gratuitement (ou presque) avoir sur les réseaux sociaux, grâce au divertissement.

C'est ainsi qu'aujourd'hui les gens se jettent et dévorent les contenus qui leur permettent de calmer un tant soit peu cette envie irrépressible de jouir du plaisir de la distraction.

C'est ça le secret !

Et ça fait un bon bout de temps que je l'ai observé, avec d'autres comptes, avec des pages de mes clients, partenaires, qui sont dans des domaines moins rigides que celui du business.

Dans ces comptes, il me fut aisé de faire des tests et avoir des résultats incroyables. En appliquant ce que je m'apprête à te présenter... Alors quand je dis distraction il s'agit en fait des contenus avec les propriétés suivantes :

- Les contenus doivent toucher la réalité du quotidien : les problèmes, les faits d'actualité, les personnes connues, les idées reçues (les gens aiment qu'on leur dise ce qu'ils connaissent déjà, avec plus de vivacité, comme ça ils ne se sentent pas trop bêtes).

- Les contenus doivent prendre le plus souvent la forme d'une histoire : Kongossa, histoire d'une vraie personne. Les histoires imaginaires. Les histoires des célébrités...

- Les contenus doivent être ludiques, amusants, mais avec un humour généralement ironique, moqueur, voir un humour sombre.

- Les contenus doivent souvent être TAQUINS, triviaux, et voire conflictuels ou belliqueux. Je m'explique... Il s'agit de taquiner des camps de la société qui s'opposent.

Exemple : si on taquine dans un statut les hommes mariés, ceux qui ne sont pas mariés, vont adorer ce statut. On peut taquiner les hommes, sur un point crucial, et les femmes vont adorer. Donc on met des camps en conflit.

N.B : le principe est toujours le même, dites une vérité qu'un camp connait déjà, et comme les gens adorent entendre ce qui (pour eux) fondent leur intelligence, et bien ils vont se jeter sur la publication.

Et encore, lorsque tu publies un statut qui pique par exemple les femmes, va le partager dans un groupe de femmes, les commentaires vont pleuvoir...

- Les contenus doivent être choquants. Il s'agit de dire exactement ce qu'un camp DÉTESTE entendre. Une chose dont il leur est IMPOSSIBLE de ne pas OBJECTER.

- Parfois, il s'agit des contenus où on leur donne l'occasion de prouver leur "intelligence".

Par exemple en posant une équation de maths niveau 6ième, que chacun peut trouver. Et toute la foule va se jeter dessus pour prouver qu'elle connait.

- Il y a d'autres cas. Plus intéressants. Comme les contenus remplis d'une forte intelligence, ou une forte sagesse, du mystère, de la pertinence, ou alors du beau (des tableaux, de belles maisons, de belles personnes, vêtements, paysages...)

Bref pour résumer, il s'agit juste des leviers psychologiques des gens de notre continent qui sont actionnés, pour les mener vers une direction ou une autre.

- Besoin de reconnaissance (reconnaître que j'avais raison. Donc si tel répète cette chose que j'ai toujours pensée, alors oui j'avais raison, je suis vraiment intelligent).

- Besoin de réaffirmation de soi (je suis une femme ceci, un homme cela, les xxxxx (de telle obédience, tel corps de métier, telle catégorie...) sont ceci ou cela... etc...

- Besoin de réaffirmation de son importance. Intelligence...

- Besoin de démontrer sa piété, sa foi, ses qualités ou ses péchés mignons (car c'est mignon, mais les vrais péchés JAMAIS !).

- Besoin de posséder, d'accumuler. (Qui veut le PDF gratuit de x ou y, écrivez '-'Moi'' en comm...., et les moutons se jettent dessus).

Donc voilà pourquoi partager pendant un an, la même photo drôle, et les gens cliqueront toujours j'aime, j'adore, mort de rire et commenteront.

Mais que faire pour tirer profit de ça, pour vendre ? Car il faut dire que c'est pas évident de vendre quand on fait rire autant.

Et tirer profit, ne va pas forcément dire qu'il faille absolument avoir un paquet d'abonnés, mais tu auras des clients, juste en exploitant ces failles, j'ai envie de dire, psychologiques de l'humanoïde...

Alors pour ça je te suggère de :

- Apprendre à réutiliser les mêmes principes, pour les appliquer cette fois-ci, avec légère différence à un public qui est en rapport avec ce que tu vends ou achètes.

Les mêmes principes. Sauf que dans certains secteurs, les gens sont déjà plus intelligents héhé.

- Mettre l'accent sur les accroches ou titres de tes contenus. Ils doivent avoir les propriétés dont j'ai parlé là.

- Avoir une source d'idée de contenu bien hiérarchisées à publier à l'avance, pour ne pas avoir à trop réfléchir le moment venu. Chacun des contenus que tu publies doit VENDRE quelque chose (je ne dis pas seulement les produits ou services).

- Et surtout apprend à raconter, à utiliser et à créer des histoires.

Tous les faits que tu présentes, tout ce que tu vas dire de bon, prendra une autre tournure si tu transformes ça en une histoire, un récit ou au moins une description.

Aussi tu peux utiliser un bout d'histoire pour commencer un de tes contenus. Comme j'ai fait dans ce texte.

ET LA JE PEUX TE VENIR EN AIDE. Car je t'ai cuisiné une formation vidéo, légère, soft, précise, concise, mais riche, qui est consacrée entièrement au Storytelling.

Pour savoir :

- Comment rendre n'importe quelle histoire VENDEUSE.

- Comment rédiger ta propre histoire. Ou celle de ton entreprise, ta marque. Ou l'entreprise de ton client. Une histoire que tu vas rentabiliser encore et encore à travers toutes tes communications. Et tous tes produits.

- Comment trouver des centaines d'histoires sur toi, les autres et tout ce que tu veux, très rapidement ?

Tout ça dans cette petite pépite que j'ai pris la peine de transformer en vidéo. Dans un style, comme toujours hyper didactique. Avec exemples concrets/complets.

Si tu es intéressé pour l'acquérir pour un investissement indécemment bas par rapport à son contenu et son potentiel, alors... fais-moi signe. En plus si tu te dépêches, tu gagneras en plus la formation Vidéo en Copywriting. Ainsi tu auras tout ce qu'il faut pour tirer profit des réseaux sociaux.

Comment escroquer un Copywriter ?

Voici 10 astuces.

Il s'agit ici des secrets dont je suis sûr que tu ne verras la trace nulle part ailleurs.

Je les mets dehors, car au fond ça ne va pas juste aider les gens ayant besoin des services de Copywriting. Mais ça va aider les Copywriters eux-mêmes.

Une création et publication de Emmanuel LEMBEGUE, Le Copywriter Libre Penseur.

Cet article est destiné surtout à un public africain.

Puis que je parle surtout des Copywriters africains, qui se font en général payer très mal, par rapport à ceux des autres continents.

Un Copywriter c'est un concepteur-rédacteur. Il conçoit dans son esprit une approche spéciale pour réaliser un double objectif : Faire lire le texte qu'il va rédiger.

Et faire que la personne FASSE ce que le texte veut qu'elle fasse. Par exemple passer commande, s'inscrire, télécharger, etc...

En général les Copywriters rédigent des textes de vente. De manière technique on parle plus de page de vente. C'est même réellement cela le vrai Copywriting.

Un texte de vente en bonne et due forme, c'est pas trop une affaire de réseaux sociaux. Mais on peut adapter.

Alors quand un CM peut prendre 50 000 F ou 100 000 F par mois pour publier tous les jours, parfois 2 fois par jour, et tout le reste.

Ou quand un rédacteur se fait payer 2 000 F pour un texte de 300 mots. Un Copywriter peut prendre 50 000 F - 200 000 F pour un seul texte.

Et pour les petits textes sur les réseaux 10 000 F - 30 000 F. Selon certains critères.

C'est très peu, comparé à ce qu'on fait ailleurs, mais vu le contexte africain, pour des PME cela est très cher.

C'est pourquoi vous devez savoir comment rentabiliser un tel investissement.

Alors comment tirer CORRECTEMENT profit d'un texte de vente que t'a rédigé un Copywriter ? C'est ça que j'appelle : ESCROQUER un Copywriter ?

Voici 10 astuces. Suis très bien ce que je vais te dire :

1) Choisis un Copywriter expérimenté. Comment tu sauras ?

Regarde son profil / blog / site web / ses publicités (fait-il lui-même du Copywriting ?).

Peut-il te présenter des témoignages de ses clients. Ou carrément te faire discuter avec eux (certains clients sont assez discrets, et ne veulent pas qu'on sache qu'on écrit pour eux, mais pour d'autres on peut les exposer sans souci)

En discutant avec lui, tu verras s'il va te parler de stratégie Marketing, dans laquelle il faut intégrer ton texte. De ton USP / EOM/...

Ou du moins de sponsoring. Pour assurer tes résultats.

Car un bon texte montré à 10 mauvaises personnes sera en termes de résultat nul comparé à un texte médiocre exposé à 10 000 personnes ciblées.

Il t'explique son système de travail clairement avant même que tu payes. (Il n'a pas de système ? Euh... Cherche-toi ! Ok ?)

Etc...

2) Si tu dois payer plus que d'habitude, exige d'avoir un texte long. au moins 1000 mots. Même si tu veux publier sur les réseaux.

3) Exige qu'il t'explique son texte. Qu'il t'explique l'approche, le concept. Qu'il t'explique les astuces de persuasion qu'il a utilisées. Qu'il explique la structuration du texte. Comme si tu voulais un cours de Copywriting.

(Quand un Copywriter fait un excellent texte, il adore l'expliquer en fait. Surtout quand il a déniché une accroche en or).

4) Maintenant que tu as ton long texte, et tes explications, tu peux découper le texte en plusieurs morceaux. Et utiliser chaque morceau

comme sous-textes de vente que toi-même tu vas utiliser pour vendre ton produit.

5) Tu peux décider d'exploiter le concept ou l'approche utilisé par le Copywriter pour lancer une campagne de comm'. Ou utiliser ce concept comme le principal concept de ton produit ou service.

Ça veut dire : continuer à utiliser le même concept, concevoir des visuels à partir du concept. Continuer à jouer la même note ou à suivre la cadence instaurée par le Copywriter.

Exemple de concept : le sport, la cuisine, la médecine, le vol, la guerre, etc...

6) Sponsorise le texte. Et si possible, demande au Copywriter de t'aider en t'expliquant ce qu'il a compris de tes cibles. Héhé ! Mieux tu comprends tes cibles, mieux tu peux les convaincre et persuader. Et tu pourras mieux faire ton sponsoring et les futurs.

7) Essaye de faire publier ce texte ailleurs. Pour asseoir ta réputation, notoriété ou pour vendre. Dans des magazines, ou comme article invité, etc...

8) Essaye de faire un spot vidéo ou audio, avec quelques parties de ce texte. Ou imagine une petite scène qui peut se dégager de ce texte ou de ses morceaux.

9) Si le Copywriter est réputé. Fais un texte où tu lui exprimes ta reconnaissance d'avoir créé ce texte pour toi. Identifie-le.

10) Si le Copywriter est réputé. Essaye de lui suggérer de publier ce texte dans sa communauté...

Il existe certainement une tonne d'autres choses à faire. Si alors tu as un Marketeur dans ton équipe, ou même un Copywriter, tu ne perds à payer les services d'un autre Copywriter (externe). Et ensuite ton Copywriter et/ou ton Marketeur va exploiter le travail de ce Copywriter externe.

N'hésite donc plus à payer les services des bons Copywriters. Car maintenant tu sais comment rentabiliser ton investissement.

Et si tu ne peux pas faire ces choses, mieux vaut éviter les Copywriters, sinon tu vas perdre ton argent pour un texte qui ne t'apportera rien. Car tu ignores comment bien l'employer.

Est-il BIEN de vendre en utilisant la peur ?

Tu peux avoir un excellent produit ou service à offrir. Peut-être même que tu es le meilleur dans ton domaine.

Te voilà alors au rendez-vous. Seulement, quand tu es en face d'un client, son cerveau tourne vite. Il a des doutes, il est hésitant. Même si c'est lui qui t'a contacté hein.

En général il te regarde de loin, il se dit : "Hum peut-être je pourrais trouver mieux. Ou alors mon problème n'est pas urgent. Je peux encore attendre avant de me lancer. Peut-être même j'ai pas besoin de ça. ACA !"

Inutile de lui dire : "vous devez me faire confiance. J'ai toujours été très professionnel. Mes interventions sont exemplaires. Je prends soin de mes clients. Et je veille à apporter un résultat concret et blablas."

Je te conseille même de ne jamais dire : "Faites-moi confiance". Car ça ne rassure pas de le dire.

Pardon ne commence pas comme ça, sinon il va être poli, mais il va aussi prier dans son cœur pour que tu partes. Et plus jamais il va t'appeler.

Mais que devrais-tu faire ? Comment éliminer ses doutes, son hésitation ?

Bah je te propose d'utiliser intelligemment la peur.

Il faut créer l'urgence dans l'esprit du client. C'est le moyen le plus efficace pour le pousser à agir et vite. Et pour détruire ses doutes.

Pour le faire, il m'arrive souvent, quand j'ai vraiment envie de travailler avec un client, de faire ceci :

Je lui parle des problèmes que j'ai remarqués avec d'autres entreprises du même domaine. Et voilà comment on entre dans la discussion très intéressante sur les problèmes du client.

Il s'ouvre, et me raconte ses expériences passées, décrit ses peurs et difficultés. Et c'est ainsi que je peux encore mieux surfer dessus, pour créer l'urgence.

Ce n'est pas cruel, car au fond, c'est pour mieux l'aider. Exactement comme le sport peut être douloureux pour régler un problème de poids par exemple.

Ou alors la douleur du savon aux yeux, qui sert pourtant à nous nettoyer/désinfecter le corps. Et celle de l'alcool pour désinfecter nos plaies....

Ainsi je fais la plongée au cœur des difficultés du client. Et là deux choses au moins peuvent se produire :

- Il se crée une sorte de lien entre le client et moi. Car on partage des moments difficiles. Cela a le don de rapprocher les gens. Quelque chose qui est important pour convaincre et obtenir la confiance d'une personne.

Car retiens-le, la confiance vient du lien ou de la connexion. Sans connexion entre des gens, impossible qu'ils se fassent confiance. Quand tu vois quelqu'un qui s'ouvre à toi, et te parle à cœur ouvert de ses problèmes, c'est que cette personne commence à te faire confiance.

- La seconde chose est le fait que je paraisse immédiatement à ma vraie valeur aux yeux du client. Comme la personne la mieux placée pour l'aider. Au départ, après avoir étudié son cas, j'étais le seul à savoir que je suis le mieux placé pour l'aider.

Mais enfin le client aussi en prend conscience. Tellement je parle de ses problèmes avec assurance. Je suis certainement la personne idéale pour les régler.

Ainsi la peur peut servir. Maintenant à toi de gérer cela avec ta moralité !

Sinon, quand tout ceci est fait quelle est la suite ?

Je te conseille de très vite sortir le client de ces sentiments inconfortables. Et donc de lui prouver concrètement comment tu peux l'aider. Présente alors tes solutions pratiques. Mais pas d'une manière froide et sans enthousiasme.

Il faut apprendre à peindre les avantages de tes produits ou services (et pas seulement surfer sur leurs caractéristiques). Au point de faire que le client s'imagine comme ayant déjà ces avantages à portée de main.

Prochainement, on va parler de cette façon de présenter les avantages d'un produit ou service, au point de faire sentir intensément au client l'impact de ces avantages sur lui à l'instant présent...

Et oui dans ce domaine ci aussi, les émotions si tu sais les contrôler, les tiennes ou celles des autres, vont t'assurer un bon succès dans tes affaires, et dans ta vie en général.

Pour aller plus loin, tu dois savoir expliquer la VRAIE cause de l'échec ou du manque de succès de tes prospects. Quand tu t'y connais, même scientifiquement tu peux le démontrer. Qu'il s'agit en fait d'un 1% de quelque chose qui leur manque. Ou qu'ils ne font pas.

A cette vraie cause en général il n'existe qu'un seul produit ou service au monde qui puisse la régler.

A ce 1% il n'y a qu'un seul produit ou service pour le combler. Et c'est le tien !

Démontre cela au prospect, et s'il a l'argent, il va tout de suite signer.

Bref la peur est comme l'alcool qu'on verse sur la blessure. Ça chauffe, ça pique. Et ensuite... ça soulage.

Je suis jaloux des gens qui vendent les formations ?

Une question qui m'oblige à te révéler quelques pépites si tu es particulièrement dans le domaine des prestations intellectuelles, coaching, formations, conférences... Et si tu lis jusqu'à la fin, sinon tant pis un jour tu vas me payer pour te redire les mêmes choses.

C'est même aussi le secret pour AVOIR 800 IDEES de contenus à créer et publier par seconde, voire plus.

Je suis toujours étonné des gens qui ont des pannes d'idées de contenus à rédiger. Bref... On y reviendra...

Alors... Je réponds "Absurde !" d'entrée de jeu.
Vu que moi-même je vends des formations.

Mais laisse-moi restituer le contexte.

L'histoire c'est que j'ai tiré un peu sur ces apprentis sorciers du Copywriting et du Marketing, et autres prestations intellectuelles en général, qui ne savent que copier les contenus existants, les synthétiser et en faire des vidéos, des textes et des formations payantes.

Et avec raison, mais pas parce que je les déteste (y en a que je connais assez bien). Non au contraire c'est même une façon de les aider. Et qu'on arrête de décevoir nos clients potentiels, qui finissent par ne plus nous faire confiance, à cause de certaines brebis galeuses.

En fait il existe pour les coachs, experts, consultants, conférenciers etc, au moins deux principales façons de faire de l'argent avec leur expertise.

- Façon 1 : c'est remplir une mission pour divers clients : on parle de prestation de service. Exemple : un Copywriter qui rédige des textes publicitaires pour des clients (pas seulement pour vendre ses services et produits à lui, c'est hyper important. J'en viens !)

Ou encore un Marketeur qui aide une entreprise à bien utiliser son budget Marketing et Pub.

- Façon 2 : ici l'expert décide de packager son savoir sous forme d'un contenu (gratuit ou payant) qu'ils pourront ensuite mettre à la disposition soit de ces potentiels clients (qui peuvent être ses propres collègues/concurrents).

La méthode 2 est donc celle que la plupart des gens utilisent. Peut-être parce qu'il y a tellement de contenus (gratuits et payants) sur internet, et qu'ils savent que les africains ne lisent pas, et ne font pas des recherches.

Alors ils prennent ça, sans même y ajouter leur esprit (j'y reviendrai) et en font un livre ou une vidéo qu'ils vont vendre. Ou faire un PowerPoint pour dispenser une formation en présentiel.

En fait c'est le chemin de la facilité.
Mais une fois de plus, c'est une façon trop tactique d'agir, pour un expert, et peut-être potentiel chef d'entreprise ou entrepreneur.

Tu peux gagner avec ça, et même gros, au début, mais ensuite tu vas étouffer avec les efforts que tu devras toujours faire et refaire pour conquérir de nouveaux clients (pigeons). Parce que les premiers seront déçus.

A l'inverse j'invite et inviterai toujours les entrepreneurs et aspirants, et mon cœur de cibles pour Ninja Sell (les experts, coachs, consultants, formateurs, conférenciers) à PENSER DE MANIERE STRATEGIQUE.

Je t'invite aussi à penser stratégie, c'est-à-dire à voir plus loin. Pour gagner sur le long terme de plus en plus en fournissant de moins en moins d'efforts.

MAINTENANT SOIT TRES ATTENTIF.

La stratégie c'est de commencer par la prestation de services.
Oui la formation, surtout quand tu la filmes et l'enregistre pour la vendre à vie sans plus fournir d'efforts, c'est le saint-graal. C'est génial. Mais c'est encore mieux quand tu fais les choses correctement.

Et quand ta formation t'aide à atteindre différents autres objectifs en plus de gagner du cash (comme par exemple fidéliser tes clients).

En commençant par les prestations de services voici tout ce que tu gagneras :

- De l'EXPERIENCE : tu verras que dans ton contexte, ta réalité, ta région et que sais-je, il y a des détails qui s'ajoutent pour que telle technique, stratégie puisse réellement fonctionner.

- Du COURAGE. Tu vas tomber sur des clients casse-tête et parfois chiants, que tu ne pourras que

devenir plus fort, plus sage, patient, confiant... :
Des COMPETENCES PRECIEUSES.

- Des retours-clients à chaud. Tes clients, surtout si tu as toujours à cœur de leur apporter de l'aide, vont te gracier d'une tonne d'avis/plaintes/préoccupations SINCERES, que même les plus grandes boîtes avec leurs supers sondages ne peuvent que rêver avoir.

- Des anecdotes, incidents, situations cocasses, histoires à raconter.

- Etc...

Tout ça te donnera quoi ?

Des tonnes d'idées de contenus à publier gratuitement au quotidien, pour entretenir et développer ton audience. Ainsi que des contenus à transformer en conférence, en vidéo, en Ebook... (Tu pourras enrichir ces contenus avec tes anecdotes...)

Des tas d'idées de formations qui vont forcément séduire tes prospects. Car ces formations seront le résultat direct des constats que tu auras fait dans ce contact avec divers clients. En plus tu peux même t'arranger à avoir des témoignages pour mieux persuader les gens de les acheter.

Des nouvelles techniques, astuces, que tu pourras facilement combiner avec les techniques que tu as découvert dans les livres/formations, pour créer des techniques dont tu seras le PROPRIETAIRE. Et ainsi asseoir ton autorité dans le domaine.

Quand tu es propriétaire comme ça, tu as une clé extraordinaire pour briller avec ton business. Là cherche-moi pour te montrer comment faire ça.

Donc tu vois qu'avec une seule chose : faire des prestations (d'abord), tu peux atteindre tellement de buts. Et au finish c'est toi qui gagneras plus d'argent, plus de bien-être, comme je te pousse toujours à le faire, en appliquant le Marketing spirituel (argent + bien-être).

Tu vas me dire ce n'est pas facile de convaincre les gens d'acheter tes services.

Oui ! Parce que tu n'as pas encore de NOM. La tactique simple, c'est de commencer avec des services GRATUITS pour justement te bâtir ce NOM. Aide sincèrement les gens, et tu pourras récolter tous ces éléments stratégiques que j'ai évoqués.

Par exemple j'ai créé le système Ninja Sell, qui comprend 4 méthodes : EOM, PCSPS, RSO et SED.

Tout ce que je peux te dire c'est qu'avec ce système, qui est un service hybride coaching + prestation de service, je t'aide à créer ton propre système ou ta propre méthode, c'est la base. Tu verras comme c'est ingénieux de faire ça.

Mais aussi tu auras à la fin (juste 4 semaines après) des modèles de Copywriting qu'un enfant du lycée pourraient utiliser, pour créer facilement en remplissant les vides :

Des vidéos hypnotiques (Vidéos de vente).
Des textes de vente et textes quotidiens comme celui-ci.
Des conférences qui vont rendre tes prospects pratiquement fous de toi.
Des conférences de vente (pour vendre SANS forcer toujours).
Etc...

Quand tu es prêt à devenir un Ninja Seller, qui vend de façon subtile, sans forcer, presser, ni stresser, ni tromper, alors je t'attends. Même si chaque mois, nous nous donnons la liberté de n'accepter que 5 personnes maximum dans le cadre de Ninja Sell. (Nous sommes des Ninjas, pas encore des Dieux)

A la fin c'est même quoi cette histoire de connaître ses prospects/cibles ? ton offre).

Quel est le lien entre ces trois monstres du monde des entreprises Google, Facebook et Apple ?

C'est également ce qui fonde leur puissance.

En fait ces trois entreprises sont si puissantes parce qu'elles possèdent des tonnées de données sur leurs utilisateurs (prospects, clients...). Informations qu'elles récoltent normalement à travers les produits et services qu'ils ont sur le marché.

Ça veut dire qu'elles ont une compréhension large et profonde de leurs marchés !

Mais c'est quoi exactement connaître ton marché ou tes prospects ?

S'agit-il tout juste de récolter des données comme l'âge, les goûts, le lieu, les habitudes d'achat ?
Ou quelque chose d'autres ?
Quoi concrètement et pour en faire quoi ?

Je réponds à tout ça dans ce texte.
Inspire-toi de ce que je décris. Médite-le au préalable. Comme toujours pense à l'esprit. C'est là que réside ton pouvoir personnel.

Allons-y !

Le plus important en tant que coach, pro, expert, consultant dans la croissance des affaires/entreprise, ce n'est pas de maîtriser la littérature Marketing ou entrepreneuriale. Mais c'est d'être EFFICACE !

Mais alors que faut-il pour être efficace ?

Il faut la connaissance.

La connaissance des clients (actuels et potentiels).

Mais connaître ce n'est pas juste établir un profil client : âge, sexe, lieu, situation sociale, etc...

C'est premièrement TE CONNAÎTRE TOI-MÊME, ainsi que ce que tu appelles "mon entreprise" ou "mon business" en tant qu'entité ou personne non individuelle et donc spirituelle.

[Tu vois qu'on revient toujours sur la spiritualité. D'ailleurs je t'ai préparé un article sur la mystique entrepreneuriale...]

Donc je t'invite à acquérir la compréhension à un niveau supérieur de tes cibles/prospects/clients :

- Ce qu'ils essaient d'accomplir et pourquoi.

- Ce qui les empêche de faire correctement le travail à faire pour l'accomplir. Tous ces obstacles auxquels tes concurrents ne pensent pas, trouve-les et supprime-les !

- Ce qui peut les aider à parcourir ce chemin qui part de là où ils se trouvent à où ils le désirent, en étant dans la sérénité, la joie, ou l'enthousiasme.

Quand tu as ces informations. Il ne te restera plus qu'à bien les utiliser au niveau de ta communication, et de ton contact avec tes prospects.

Tu devras mettre des mots sur ce qu'ils ont eu du mal à atteindre, afin que cela résonne immédiatement en eux. Et qu'ils voient que tu les comprends mieux que quiconque.

Le désir de dénicher leurs problèmes et de leur apporter des solutions doit être prioritaire pour toi. Les aider ne veut pas dire que tu fais tout, mais que tu peux les mettre en contact, ou **leur recommander les meilleures portes sur lesquelles frapper**.

C'est ce que j'applique depuis des lustres. Et aujourd'hui j'ai des clients avec qui on parcourt ces mêmes années ensemble, et qui continuent de me faire confiance.

Au finish, je peux pratiquement faire des mois, sans aucune publicité, ni publication, mais continuer de fonctionner pépère et croître. Car la vraie publicité c'est le client satisfait. Il continue de te faire confiance, et il te rapporte des clients comme un bon commercial (à qui tu ne reverses rien !).

Selon Bain & Company : "Une augmentation de 5% de la fidélisation de la clientèle peut générer 25% de bénéfices supplémentaires."

Je confirme !

Tu peux trouver des motifs pour parler à de plus en plus de gens (tes cibles). Ça peut être de participer à des événements, et faire la conversation.

Ça peut être de donner des conférences, formations, consultations GRATUITES. Ce contact avec tes cibles, va te rapporter une tonne d'infos. Surtout si tu connais deux ou trois choses en plus

C'est ton EOM que tu dois répéter chaque fois dans ta communication, pour te faire mémoriser (toi ou ta marque ou ton offre).

Et là au moins on sait ce que tu proposes et que malgré tes conseils, tu as aussi quelque chose à vendre !

Le cerveau est un super ordinateur. Le plus sophistiqué et complexe qui soit.

Il a une fonction qu'on peut appeler le mode automatique. Qui lui permet de faire plusieurs tâches automatiquement (sans demander notre assistance, celle de notre être). Afin de rapidement prendre des décisions, éviter le gaspillage d'énergie, et autres.

Ce mode automatique se fait sur la base de la connaissance. Du moins de la mémoire.

Ex : lorsque tu arrives dans un nouvel endroit (ville, pays, rue etc). Ton cerveau est à 100% actif, il prête attention à tout ou presque.

Mais fréquente pendant quelques temps, ladite rue, et tu passeras là chaque jour, sans même remarquer la boutique, l'arbre, etc...

Tout ça a déjà était filmé et enregistré. Et ce n'est plus l'arbre, la boutique qui est vu, mais c'est le film mémorisé dans ton cerveau qui est observé passivement. Sauf si la couleur de la boutique a changé, ou si l'arbre a été taillé.

En d'autres termes à force de voir les mêmes choses chaque jour, présentées de la même façon, tu ne les remarques plus. Du moins tu n'y accordes plus de l'importance, de l'attention, et donc ça passe en mode automatique.

Zéro émerveillement. Et zéro plaisir (le plaisir de l'émerveillement dû à la nouveauté).

Il en est de même pour le business, ou le Marketing. Tout bon stratège en Marketing sait qu'avant de définir le moyen tactique par lequel on va convertir des gens en prospect, puis en client (le tunnel de vente) il doit d'abord évaluer le niveau de sophistication du marché dont il est question.

Le niveau de sophistication c'est à quel point les gens qui constituent le marché ciblé, connaissent et remarquent les astuces, techniques, stratégies de pub, comm' et Marketing qui sont employées en général, et qu'on leur a déjà assez exposées.

Ainsi le stratège va tout d'abord déterminer qu'est-ce que les cibles visées ont en majorité vu, lu, entendu en termes de publicité, de techniques d'approche, de slogan, d'accroches, d'offres, de prix etc...

Parce que comme le cerveau néglige et snobe ce qu'il a déjà tant vu, alors si tu utilises les mêmes approches, concepts, accroches que tes concurrents, bah ta pub est invisible. Ta comm' est invisible. Ton produit/service est invisible. Bref toi-même tu es invisible.

Voilà pourquoi les Marketeurs vous casse les pieds avec cette histoire d'étudier la concurrence. De faire des recherches. Même s'ils ne disent pas toujours concrètement à quoi ça sert. Et aussi que toute recherche se fait à la base d'un ensemble de question précises à se poser... bref !

Tu l'as compris, pour se démarquer, tu dois t'assurer de trouver un concept, une approche qui n'a encore jamais été utilisé. Ou qui n'a encore jamais utilisé tel que toi tu l'utilises, grâce à la particularité de ton esprit.

En Copywriting on appelle ça le Mécanisme Unique. C'est très intéressant comme concept.

Dans le Système Ninja Sell, il y a 4 étapes clés. La toute première EOM, aboutit naturellement à la création d'un EOM (énoncé d'offre de mission).

Mais pour arriver à ça, il faut au préalable étudier l'offre produit ou service, la retourner dans tous les sens, étudier le marché. Pour finalement ressortir pas une, mais DEUX Mécanismes Uniques.

Avec ça on peut affiner ou sublimer votre système ou votre méthode (celle qui est à la base de votre formation, consulting, prestation intellectuelle...)

Quand on agence tout ça correctement, avec le Copywriting en plus, on arrive à obtenir un EOM. Que vous devez répéter, encore et encore.

La répétition : la clé de la mémorisation. Tu veux être remarqué, et qu'on ne t'oublie pas ? Choisis ce que tu veux que les gens retiennent de toi ou de ton business. Peaufine ça bien. Reste constant et cohérent. Et la magie de la répétition va agir.

Et là tu peux vendre en mode Ninja, sans en faire des masses, et t'épuiser pour peu de résultats. Mais convaincre, persuader en toute éthique, en apportant de la valeur (comme ce que tu viens de lire). Bref pour en savoir plus, contacte-moi.

Et pour rester cohérent ?

Voici mon EOM

J'aide les gens qui ont une expertise avérée mais qui n'arrivent pas à en vivre confortablement, parce qu'ils ne savent pas quoi dire et comment, pour convaincre leurs meilleures cibles de la pertinence de cette expertise.

Je les aide à gagner plus sans rien forcer et de manière subtile. En transformant leurs offres de service ou d'info-produit en une base de données stratégiques et captivantes à publier pour mieux vendre et plus, sans Marketing ni Copywriting, grâce à ma méthode « NINJA SELL™ BY ACA ».

Quand avoir beaucoup de clients Pose un gros problème.

"Emmanuel toujours avec tes longs textes-ci, qui lit même ça ? Faut faire court si tu veux avoir plus de clients, les africains n'aiment pas lire...".

Déjà merci pour ta sollicitude mon cher. Mais Emmanuel ne se plaint pas et il sait à quoi il joue. Et dans cette réponse tu pourras tirer une leçon de Marketing qui va t'aider pendant longtemps.

Déjà c'est faux. Au contraire plus un texte est long, plus il a des chances de convertir le plus de personnes en prospects/clients. Je démontre ça dans un autre texte. C'est pas là-bas que je vais.

Mais je veux t'amener vers une autre voie dans ce texte. En fait le truc n'est pas d'avoir une tonne de clients. Non. Si tu es à la quête de ça, alors tu n'as pas compris un truc avec le biz.

Surtout si tu fais dans les services, encore plus le service auprès des entreprises. Et que tu comptes durer sans te faire "absorber".

On ne veut pas 1 000 clients. Mais on veut des clients idéaux. Sinon tu te retrouves avec 1 000 personnes qui vont plus te nuire qu'autre chose. Fais gaffe !

Le client non idéal est en général pour x ou y raisons, insatisfait de ton service, peu importe sa qualité ou ton soin apporté...

Et une frustration dont le bougre pourra te tenir responsable (l'enfer c'est les autres, surtout pas moi n'est-ce pas ?). Et te faire de la mauvaise publicité.

On peut avoir tous les clients qu'on veut. Mais à quoi ça nous sert au finish ? Sois malin et tu iras loin, comme j'aime à le dire.

En outre... Comment extraire la connaissance d'une vidéo, d'un texte, ou d'un discours, et pouvoir la rentabiliser si tu ne peux pas te concentrer et maintenir intense ton attention pendant quelques minutes ?

Non soyons sérieux !

Le minimum pour apprendre c'est de lire, ou écouter. Et pour ça il faut de l'Attention. Si tu ne peux même pas concentrer ton attention pendant quelques temps sur un contenu, comment tu feras pour l'étudier ? Et en tirer un quelconque résultat ?

Ainsi manque d'attention = difficulté d'apprentissage.

(A la fin je te donne une petite technique pour accroître ton pouvoir d'attention, les doigts dans le nez).

Par ricochet, les personnes qui ont ce problème ne peuvent pas facilement avoir des résultats avec une formation, y compris la mienne. Encore moins mes autres prestations.

Et donc ce sont clairement pas mes clients idéaux, sauf quand je vais sortir une formation pour avoir une meilleure attention et concentration (c'est aussi ça ACA et son Marketing Spirituel).

Et donc très cher, si quelqu'un ne peut pas lire un texte sur Facebook, un mail, un article de blog, ou sur LinkedIn, qui lui apporte de la valeur, lui évite bien des dommages, seulement parce qu'il "serait" long, et donc parce qu'il a du mal à s'y consacrer et concentrer, alors tant mieux. Il s'exclut lui-même de ma liste de clients précieux.

Car même en devenant client d'ACA, une telle personne n'aura pas de résultats. Et deviendra plutôt un frustré qui va nous desservir dans l'avenir. Et ça j'en veux pas !

C'est pourquoi les longs textes, de manière naturelle, nous servent de filtre, pour attirer et capter des clients idéaux. Qui payent bien, à temps, qui ne cassent pas la tête. Et surtout qui mettent en pratique, obtiennent des résultats, et qui RECOMMANDENT.

Ce qui permet d'obtenir plus de (délicieuses) ventes dans l'avenir, et de la réputation (la bonne, non, la meilleure !) avec moins d'efforts (un objectif clé en entrepreneuriat made by ACA).

Capiche ?

Alors comment accroître ton pouvoir d'attention ? Lis ceci :

Le pouvoir de l'attention concentrée sur un but, une question ou peu importe quoi, même de 2 minutes est déjà plus puissant que tout ce que tu peux lire dans les livres de dev perso.

Voilà une pratique simple et concrète :

Apprend à t'investir entièrement sur chaque activité que tu fais. Avant de passer à une autre.

Bonne ou mauvaise, utile ou pas. Fais-le. T'investir entièrement, c'est mettre ton corps, ton énergie, ton sentiment, ta pensée et ta volonté sur ladite activité et sur rien d'autres sur le moment.

Si tu manges, mange avec ton corps, énergie, sentiment, pensée, volonté. Mange seulement. Et si tu veux penser à tes dettes, laisse d'abord la nourriture et occupe-toi de tes dettes avec corps et âme (énergie, sentiment, émotion, volonté).

Tu veux de la magie en voilà. Essaye-ça !

Comment vendre [subtilement] à travers un simple conseil ?

Comme tu dois déjà le savoir je te déconseille formellement de pratiquer le Marketing brute ou le forcing.

Où on sent dès ton titre que tu veux juste vendre tes produits/services. Ce qui a le don de souler le monde.

Et de faire qu'il pense (avec raison) que tu es juste quelqu'un qui cherche à leur faire les poches. De façon astucieuse, peut-être, mais ça ne change rien.

Pourquoi ?

Parce que tu n'essaies pas de démontrer l'efficacité de ce que tu vends à tes prospects (avant qu'ils l'achètent). Tu ne fais pas goûter ou essayer ton produit/service.

Tu ne prouves pas que ton cerveau vaut le coup d'y investir de l'argent. Mais tu veux juste dire que tu vends, tu vends, et nous demander d'acheter...

Non ! Je t'encourage à l'inverse, de communiquer de façon raffinée, sans qu'on sente une seconde que tu forces les ventes. Mais que tu poses ton Marketing de façon intelligente et désintéressée.

Et un des moyens pour faire ça, c'est d'utiliser des exemples stratégiques.

Ce sont des exemples qui te servent à illustrer tes conseils. Mais seulement ce qui est utilisé pour faire cette illustration est saturé d'information Marketing.

C'est-à-dire ces informations qui te mettent en avant, toi, ta crédibilité, tes compétences, ton savoir-faire ; ou qui montrent l'impact positif de tes produits/services.

Exemple :

Supposons que je décide de donner un conseil à mes collègues coachs, consultants du Marketing (à qui je réserverais donc une prestation payante) sur l'importance de la motivation de leurs propres clients.

Voici le type d'exemple que je peux prendre :

[Début exemple]

Par exemple quand je coache une personne, je tiens à faire ressortir tout le potentiel qui se cache en elle, par rapport au domaine technique sur lequel le coaching est basé.

Que ce soit un coaching pour aider le client à attirer de plus en plus facilement ses meilleurs clients, ceux qui payent vite et plus [coaching sur ma méthode 4D (Douleur, Déclaration, Démonstration et Don)].

Ou quand il s'agit d'amener un autre à configurer les 4 paramètres clés du système Ninja Sell. Ou même dans le cadre d'un simple Coaching en Copywriting que je peux faire avec un potentiel Copywriter.

Oui le domaine technique comme un engrais doit être intégré et doit faire germer la compréhension dans son esprit.

Seulement, avant de parler technique et autre, j'ai besoin de m'assurer que je ne jette pas mes perles à un pourceau. J'ai besoin de m'assurer que je ne prêche pas à un sourd. J'ai besoin de m'assurer que l'étudiant passera à l'action.

Je veux qu'il soit impliqué pour que ça marche. Qu'il soit terriblement excité à l'idée d'appliquer ce qu'on verra ensemble.

Pour se faire, je veille à lui raconter diverses anecdotes personnelles vécues avec d'autres apprenants et coachés, sur leurs réalisations.

Et ensuite avec des questions et affirmations précises, je le plonge dans son futur. Un futur où les problèmes qu'il a avec son business sont déjà réglés. En général c'est très puissant pour hausser son taux de motivation et sa passion.

Et cela a aussi un autre effet : c'est qu'il augmente sa compréhension du travail qu'on fait. Et par conséquent il est très satisfait de la séance. Et exprime une profonde reconnaissance à la fin...

Car n'oubliez pas que c'est plus ce qu'on fait ressentir aux gens qu'ils retiendront. Et c'est ça qui les influencera réellement à passer à l'action.

[Fin exemple]

Ainsi, vous pouvez apporter les plus efficaces techniques et stratégies qui existent au monde.

Mais si vous êtes incapable de donner envie à vos clients pas seulement de les acheter, mais également de les mettre en application et bien comme il faut, alors ils n'auront pas de résultats.

Et s'ils n'ont pas de résultats, ça vous retombera dessus (et bonjour la mauvaise pub. Vu qu'ils diront que c'est de votre faute ; et ce n'est pas tout à fait faux).

Bref tu as vu. Et j'espère que tu as compris.

Arrête de perdre ton temps à aligner conseils sur conseils sans être stratégique. C'est-à-dire sans savoir comment vendre sans vendre ou vendre en mode Ninja (subtilement).

Le faire est réjouissant et rentable dans tous les sens.

Il existe plusieurs autres façons de vendre ainsi à travers des contenus banals qui souvent n'ont rien à voir avec ton business. Des façons plus simples à appliquer.

Et tout dépend de la conception même de ton produit en amont.

Ce qui explique pourquoi j'ai créé et j'applique le système Ninja Sell.

Avec ça on incarne la donnée Marketing à ton produit/service. De telle sorte que juste parler du produit, te fait déjà évoquer son Marketing. Et donc tu le vends juste en le décrivant ou en le présentant...

Bref !

Si tout ça te parle, clique ici : https://forms.gle/w5vL1HjyxfA6SP4E9 pour aller plus loin, ou pour travailler dans ce sens.

Emmanuel Lembegue.
Le Copywriter Libre Penseur.

J'aide les gens qui ont une expertise avérée mais qui n'arrivent pas à en vivre confortablement, parce qu'ils ne savent pas quoi dire et comment, pour convaincre leurs meilleures cibles de la pertinence de cette expertise.

Je les aide à gagner plus sans rien forcer et de manière subtile. En transformant leurs offres de service ou d'info-produit en une base de données stratégiques et captivantes à publier pour mieux vendre et plus, sans Marketing ni Copywriting, grâce à ma méthode « NINJA SELL™ BY ACA ».

On ne dit pas tout en public.

C'est l'un des meilleurs moyens pour se tirer une balle dans le pied. Ou plutôt de prendre un poison lent. Car les effets de cette erreur stratégique se font ressentir pas immédiatement, mais bien après.

Dans ce texte je vais t'aider à bien comprendre pourquoi je dis ce que je dis dans ce long titre, en parlant un peu de magie noire, de magie blanche.

D'ailleurs je vais te révéler quelques détails sur les pratiques de guérison des mages noirs.

En plus tu vas découvrir quelques exemples d'épreuves que subissent les initiés ténébreux ou lumineux.

Tout ça pour arriver à mieux te faire comprendre qu'on ne dit pas tout. Et là je vais te livrer comme ça 3 raisons pour lesquelles tu ne dois ABSOLUMENT pas tout dire.

C'est là que tu comprendras que tu perds de l'argent, de la bonne notoriété et des futurs excellents clients ou partenariats en ne sachant pas quoi dire où et comment.

Et enfin je vais partager avec toi les trois grands types de choses (contenu) à dire et où il faut les dire. Et jamais ailleurs.

Si alors ça t'intéresse de découvrir tout ça, bah lis !

Par Emmanuel Lembegue, le Copywriter Libre Penseur. Initié dans l'art et la science du Marketing Spirituel.

On ne dit pas tout n'importe où ?

Oui !
Pas parce qu'on est chiche ou avare. Et qu'on veut cacher des choses aux gens, pour avoir toujours une hauteur par rapport à eux.

C'est ainsi qu'on a calomnié les connaissances dites ésotériques ou cachées et les mouvements qui les promeuvent. Et disant qu'ils jouent les élitistes.

Ou alors qu'ils cachent ce qu'ils font, parce qu'il s'agit de pratiques ténébreuses, et donc ils n'osent pas prendre le risque d'en parler au public.

Seulement, c'est une belle et naïve faiblesse de l'analyse de croire qu'il y a un lien radical entre caché et mal.

Ce qui est caché n'est pas inexorablement mal.
Ce qui est caché peut être mal, mais ce qui est caché peut aussi être bien.

Mais pourquoi alors ces connaissances ne sont pas dispensées au grand public ?

Simplement parce que certaines pratiques, certains noms/mots sont tellement influents ou impactants sur l'aspect physique et invisible de la vie que ce sont de véritables armes.

Que si on les mettait à la disposition du premier venu, sans les bases, et bien il ne va pas seulement se tuer, mais ça sera un carnage.

Il existe dans le monde ésotériste ce que presque tout le monde connait (de nom) aujourd'hui, grâce aux romans et aux animés, comme étant : la magie noire (ténébreuse) et la magie blanche (lumineuse). Même si au milieu on peut avoir bien d'autres teintes héhé.

-> Techniquement les mages noirs usent des méthodes peu recommandables pour atteindre leurs buts. Comme par exemple des pratiques de nécromancie. Et aussi leur particularité c'est de faire les choses sans tenir compte des volontés.

Ex : Dans la magie noire, si on veut soigner quelqu'un, et bien :

- Le mage ténébreux le soigne, peu importe que ce que l'Être divin de la personne décide (car oui, il peut arriver que ta nature profonde décide de te faire souffrir sur le plan physique, pour te faire grandir sur le plan invisible.

C'est un traitement. Et parfois chercher à guérir ça c'est un mal qu'on se fait.).

Le mage s'enfiche et agit ! Et souvent dans ce genre de cas, quand tu soignes un, quelqu'un d'autre tombe. Car tu auras créé un déséquilibre en soignant une personne au mauvais moment. Bref...

- Le mage soigne en sacrifiant volontairement quelqu'un d'autre ou un autre être vivant. Par exemple il peut récupérer une partie de la vitalité d'un individu pour aider un autre. Pourquoi ? Parce qu'il pense que c'est lui ou sa personne qui mérite de vivre et d'être soigné.

Ou il peut travailler avec les restes humains pour aider son malade. Ou bien encore il peut influencer (mais il est plus approprié ici de parler d'envoutement) une personne X, pour qu'elle donne de l'argent, pour qu'on soigne la personne Y malade.

Bref c'est un peu ça la magie noire. C'est du pur égoïsme. Ce n'est pas toujours le petit sorcier qui verse une poudre au sol, pour rendre malade, pour tuer, ou pour exploiter des âmes dans les mondes invisibles...

-> A contrario, les mages lumineux respectent les volontés, et travaillent pour rétablir la lumière.

Je ne te raconte pas tout ça, pour t'informer de leur existence ou te donner des cours dessus, mais juste pour te dire que dans les deux camps, il y a des initiations à faire.

Qui dit initiation dit avant tout EPREUVES.

Et justement elles servent à renforcer le caractère, la nature physique et surtout psychique du futur mage. Pour qu'il soit digne de recevoir les informations secrètes. Et d'agir selon les normes de son mouvement.

Ténébreux ou lumineux c'est la même chose sur ce plan, ils sont bien préparés, testés (mis à l'épreuve), avant de recevoir des instructions (à chaque niveau).

C'est ainsi qu'on s'assure, qu'ils useront dans les normes, ou en suivant les règles de l'art (et en fonction de chaque doctrine ou courant ou temple), les outils, pouvoirs et connaissances dont ils seront pourvus.

Il y a des règles, partout, même dans l'art de faire le mal. A plus forte raison pour toi et ton business.

Exemple d'épreuves ?

Plusieurs épreuves ont pour principe de Résister à l'idée de souffrir (pas de souffrir réellement, mais à l'idée de souffrir).

Si par exemple on provoque un incendie dans une pièce où tu te trouves, comment tu vas réagir ? Tu vas perdre tes moyens et hurler, courir dans tous les sens, ou garder la tête froide et agir posément ?

Si jamais quelqu'un dégaine une épée devant toi, comment tu fais ?
Si la pièce se remplit d'eau.
Si on te jette dans le vide.
Si on te fait croire qu'on te transperce la main avec une pointe ou un clou violemment.
Si des rochers te tombent dessus.
Etc...

Bref !

Il y a des choses que tu ne dois pas, mais alors pas du tout, dire dans le grand public. Parce que :

- Ca peut effriter le taux de confiance que les gens investissaient déjà en toi. Donc ça tue ta crédibilité.

Par exemple : si tu avoues aux gens, qu'il faut souvent tromper, manipuler, tricher pour atteindre certains buts, car c'est ainsi que ça marche dans le monde.

Même si le raisonnement est bon, et qu'ils applaudissent, ils vont se dire : "Hum, mieux vaut me méfier car cette personne peut appliquer ce qu'elle dit si bien sur moi. Donc je vais la lire, l'apprécier, mais, à distance".

- Ca peut tuer le mystère autour de toi et de ton business (produit ou service). Les hommes pour l'instant resteront toujours ce qu'ils sont. C'est à dire des êtres assoiffés de connaissance.

C'est pourquoi il est presque impossible pour nous de résister à l'envie de connaître. La curiosité est alors un exceptionnel pouvoir qui poussent les gens à l'action.

Quand tu leur donnes un morceau de connaissance bien dosé, et que tu laisses entendre qu'il y a une suite, et bien la force de la curiosité va les pousser à agir, elle va tellement les agiter, que seule la révélation de la connaissance complète pourra calmer cette agitation (et leur produire comme une sorte d'orgasme mentale).

Et donc en disant tout à tort et à travers, tu tues le mythe, ou le mystère, ou encore tu tues l'effet de curiosité.

Or ces éléments sont ceux également qui concourent au fait d'attirer les meilleurs clients, qui vont durer des années avec toi.

Il y a des gens qui achètent ton produit ou service, seulement à cause d'un petit détail que tu as légèrement soulevé dans ta communication, dont ils sont follement curieux de d'éclaircir le mystère.

- Ca trahit les secrets de ton contenu payant. Ici ça concerne particulièrement les créateurs de contenus (coachs, formateurs, écrivains, auteurs, conférenciers, etc...)

Si tu donnes le mauvais détail en public, ou au mauvais public, des gens malins (généralement ceux qui deviennent de très bons et fidèles clients, et même futurs partenaires de taille) vont tirer une conclusion sur tout le contenu de ta prestation ou de ton produit d'information.

Que la conclusion soit bonne ou mauvaise, ils auront l'impression de déjà vu, ou de la deviner ou comprendre entièrement. Et voilà comment tu vas perdre ces gens.

Donc on ne dit pas tout.

Il y a des secrets dans toutes les activités, dans tous les domaines. Des petits raccourcis que chaque pro prend pour travailler plus vite.

Comme par exemple, et ce n'est plus un secret (enfin je crois), le fait que les traducteurs se servent des logiciels de traduction pour traduire les textes, et juste corriger et aller plus vite.

Il y a des astuces MALINES comme ça dans tous les domaines. Mais attention on ne les dévoile pas en ligne. Pas pour ne pas aider les gens, ou pour tout vendre, au nom du gain et du capitalisme.

Mais parce que : bien que cela puisse vous faire passer pour un génie, et obtenir l'acclamation de certaines personnes… Cela va avoir un impact négatif sur d'autres personnes plus intéressantes pour vous.

Ces gros calibres qui vous guettent, et qui se demandent quand elles vont vous contacter pour travailler avec vous.

Je comprends que ce n'est pas facile de résister à l'envie d'éblouir les gens. De montrer qu'on est intelligent et génial, en révélant certains tours de passe-passe. Oui et ce n'est pas mauvais. Mais on peut atteindre ces buts-là autrement, sans dire ce qu'il ne faut pas là où il ne faut.

Je conclue en disant que ce n'est pas pour rien que dans la quatrième et dernière étape du système Ninja Sell, nous t'indiquons avec précision ce que tu devrais dire où, quand et comment.

Je rappelle que Ninja Sell a pour finalité de te remettre une base de données stratégiques de choses à utiliser dans la communication. Seulement si tu as ces données et ne sait pas où et comment s'en servir, ce serait bien inutile et même pernicieux.

C'est pourquoi la dernière étape du système, appelée SED (stratégie éditoriale digitale) a pour but de distinguer les 3 grands types de contenus que tu peux créer.

1. Les contenus dits gratuits. C'est tout ce que tu dis devant le grand public. Ce sont les vidéos que tu laisses à la disposition de tous sur Facebook, YouTube, et autres. Ce sont également les textes que tu publies sur les réseaux sociaux, blogs tous les jours.

Ici on t'indique les éléments de ton offre produit ou service et tout ce qui tourne autour que tu peux révéler, et comment t'inspirer de ce qu'on appelle PRINCIPES.

Pour avoir toujours de quoi raconter, sans tuer d'ennuie ton public, et pouvoir d'ailleurs les divertir, leur apporter de la valeur, d'une façon originale et spéciale, tout en assurant ta crédibilité et en plaçant tes produits/services subtilement.

2. Les contenus que j'appelle semi-payants. Il s'agit des contenus qui sont disponibles uniquement à une classe réservée de personnes. Celles qui ont fait un premier pas vers toi.

Donc il s'agit des vidéos spéciales, des ebooks, conférences, appels. Sauf que pour avoir accès à ces contenus, la personne doit prendre rendez-vous (donc venir vers vous), remplir un formulaire, s'inscrire, se déplacer, ou même payer une faible somme, etc...

Tu vois que là, c'est déjà un peu plus intime. Et là tu peux déjà te permettre de révéler un certain nombre de choses. Des choses PLUS intéressantes que ce que tu dis au grand public.

Des choses plus complètes, qui apportent PLUS de valeur. C'est pourquoi d'ailleurs les gens intéressés agissent pour avoir ces choses.

Dans l'offre complète de Ninja Sell, on t'aide à créer ce type de contenu, en te disant précisément quoi récupérer dans tout ce qui tourne autour de ton produit/service/système pour y arriver.

3. Les contenus payants. Ce sont tes prestations de service complètes. Les livres payants. La formation complète. Le coaching, le séminaire payants...

On n'est pas dans ta tête pour t'indiquer quoi dire dans le payant, vu que tu ne nous révèle même pas tes secrets dans nos séances, mais seulement il existe des règles du Copywriting pour définir ce qui entre dans le gratuit, le semi-payant et le payant.

Donc juste en te posant les bonnes questions et en te donnant certaines indications clés, on t'oriente à faire le bon choix de ce que tu ne diras que dans le payant.

Ça signifie également qu'on va t'inspirer des tas de contenus payants que tu pourras produire. Ça signifie que tu auras plus de potentiels produits et services à créer et à commercialiser. Et pouvoir ainsi gonfler un peu plus ta crédibilité, ton autorité et ton compte en banque.

Bref, voilà tu as une idée de pourquoi tu dois observer, même pour ton business, le conseil qui demande de bien tourner ta langue dans ta bouche n-fois, avant de l'exercer pour parler.

Pour en savoir plus sur ces sujets, l'un ou l'autre, tu sais où me trouver.

Le corbeau et le renard. L'erreur fatale que tu fais quand tu veux vendre...

Après avoir expliqué la dernière fois que lorsque tu maîtrises bien ton produit ou service ou plutôt ton système, ton mécanisme unique, et bien tu peux t'arranger à le promouvoir avec pratiquement n'importe quelle information. Particulièrement les histoires, contes, etc...

J'ai illustré avec le conte du lièvre et de la tortue. En commentaire un abonné m'a demandé si je pouvais refaire ça avec un autre conte. Et il m'a proposé celui du corbeau et du renard.

Alors let's go !

Tu connais surement cette histoire. C'est le renard qui voit le corbeau avec un délicieux fromage sous le bec. Et il flatte ce dernier, au point où celui-ci ouvre le bec pour réagir, et hop son fromage tombe, et le renard le prend et game over.

Comment je peux utiliser ce récit pour promouvoir le système Ninja Sell by ACA ?

En réalité je peux le faire de deux manières différentes. Et je peux même aussi parler du Marketing Spirituel avec cette unique histoire.

Mais je vais me limiter à Ninja Sell.

<Début>

A votre avis que ferai ce corbeau si jamais il rencontrait encore ce renard qui l'a arnaqué ? Il va lui offrir un fromage ou lui faire des cadeaux ? Non ! S'il ne le pourchasse pas, il va le fuir !

Que dira ce corbeau à ses frères corbeaux à propos de ce renard et des renards en général ?

Bah il va leur dire de ne jamais écouter les blablas des renards, et de ce renard-là en particulier. C'est un fichu arnaqueur manipulateur.

Et c'est exactement la même chose qui se produit lorsque vous faites du Marketing grossier et mensonger. Où vous exagérez les faits, les avantages de vos produits, vous truquez vos réalisations, et faites des promesses à dormir debout sur ce que pourra faire votre produit ou service.

Vous réussissez surement à attraper quelques pigeons, ou plutôt corbeaux avec ça. Et à leur piquer leur fromage (leur cash). Mais ces clients une fois déçus par votre produit, vont se transformer en des tueurs.

Tueurs de votre business. C'est votre réputation qui sera sapée. Ils vont partager leur mauvaise expérience avec vous auprès de leurs proches, leurs amis, et partout où ça sera possible.

La vraie vente commence lorsqu'une personne vous donne son argent. Vous devez vous assurer qu'elle obtienne ce pourquoi elle a payé. Et même plus encore. Sinon Adieu, et au pire, contre-publicité. Alors à bon entendeur !

C'est pourquoi nous enseignons et montrons à nos clients de Ninja Sell, comment convaincre, persuader puissamment, sans tomber dans ces faux raccourcis-là. Il y a des raccourcis plus éthiques, mais plus puissants aussi.

Comme par exemple communiquer en vous basant sur vos principes. Parlez juste de vos principes, en évoquant comme il faut votre produit ou service, subtilement et hop vous agirez sur les cœurs et cerveaux des gens, sans les violer.

Ils finiront par vous offrir leur fromage. Et à chaque fois qu'ils auront besoin de vous, vos produits ou services, ils reviendront encore et encore. Et se sentiront heureux de parler de vous en bien, partout où c'est possible. Bref soyez vrai, authentique et clair.

Bon ça ne marche que si vous avez un véritable produit/service. Et si vous savez communiquer stratégiquement pour le vendre intelligemment et subtilement comme un véritable Ninja Seller.

N'est-ce pas dix fois mieux de vendre sans pression, sans culpabilité, sans stress ? Bref !

<Fin>

Voilà donc ce second exemple pour vendre subtilement avec un conte. Et comme je t'ai dit la dernière fois, tu peux faire ça avec les tonnes de contes, d'histoires qui existent. Et une même histoire peut générer plusieurs contenus intéressants différents.

Et ne plus jamais fatiguer le monde en disant que tu ne sais pas quoi publier sur ton mur ou ta page ou encore ton blog, pour entretenir ton audience, tout en assurant tes ventes.

C'est vrai que tu dois avoir quelques détails sur cette technique pour réussir à vendre à partir d'une histoire, ou toute autre fait, surtout subtilement, et que ce soit pertinent. Mais ça on le voit en coaching !

On peut également utiliser les histoires, contes et autres pour introduire des vidéos, conférences, et toutes autres prises de parole en public, d'une façon remarquable...

[J'imagine ce que ces connaissances feraient d'un CM. Il serait inarrêtable ! Les clients lui mangeraient à la main. Bref !]

Pour réussir le lancement de votre produit/service et le faire adopter, vous devez absolument le faire comme un dieu.

Et plus précisément le dieu Hindou Shiva. L'un des dieux les plus vénérés de l'Inde.
-

Votre produit ou service que vous lancez n'est pas un simple produit ou service. En tout cas il ne doit pas être présenté à son lancement ainsi. En fait il doit être un produit ou service bâtit sur un système, une méthode ou outil spécifique.

Et c'est justement ledit système ou ladite méthode que vous devez mettre en avant dans la communication. Rien que parler de système en lieu et place de formation ou consultation ou prestation de service est déjà plus subtil et intelligent.

C'est à dire que c'est du Ninja Sell, et c'est pourquoi la phase initiale de ce système consiste à travailler sur votre système.

Alors une fois que le système est clairement défini et conçu, vous pouvez donc le lancer comme un dieu. Comme le dieu Shiva.

Qui est Shiva ? Certainement l'une des divinités les plus complexes et vénérées en Inde. Mais sa particularité qui fonde en partie sa complexité, c'est qu'il est à la fois le dieu de la destruction et de la création.

Donc il peut créer, mais aussi détruire.

Et c'est précisément ce principe que tout bon système ou méthode doit pouvoir appliquer à son échelle.

Nous en bossant sur le système d'un client, on veille à ressortir (je l'ai déjà dit) son mécanisme unique. C'est-à-dire la façon UNIQUE qu'il a d'expliquer et de résoudre le plus gros problème de ses prospects idéaux.

Ainsi le système vient absolument détruire ou déconstruire une vieille façon de faire les choses. Qui est déjà caduque ou dépassée.

Et apporte du sang neuf. C'est-à-dire un système qui permet de faire mieux, ou plus vite, ou avec moins d'efforts, ou avec plus de bonheur, ou moins cher, etc...

De sorte qu'au lancement de la campagne il devient aisé d'attirer l'attention, en passant un moment (et en y prenant un malin plaisir) à déconstruire les méthodes désuètes et dépassées.

En soulignant et en démontrant de façon cohérente pourquoi elles sont dépassées et pourquoi elles ne fonctionnent plus. Et en laissant entendre qu'il y a mieux. Il y a des solutions meilleures.

C'est ainsi que la plupart des gens, friands de nouveautés, et d'amélioration, ouvrent leurs oreilles (esprits) et sont en attente. Et si donc ils sont en attente, alors c'est divinement bien joué. Car votre campagne de lancement est un succès.

Exemple :

En ce qui me concerne :

Je déconstruis le fait qu'il faille absolument connaître le Marketing/Copywriting pour mieux communiquer et vendre. Ou suivre des centaines d'heures de formation alambiquées.

Je déconstruis le fait qu'il faille absolument souler son audience avec des conseils génériques ou bon marché (qu'on retrouve formulés pratiquement de la même façon dans les réseaux, les livres, les blogs)

Je déconstruis cette histoire qui consiste à quémander grossièrement et à longueur de mois, aux gens leur argent, sous forme d'annonces de vente.

Je déconstruis le fait qu'il faille absolument flirter avec la malhonnêteté, le mensonge, pour réussir à convaincre/persuader ses prospects.

Bref je déconstruis le vieux système de Marketing grossier, frontal et abrupte.

C'est pourquoi je propose à la place de ces vieilles techniques de super Marketing X.0 et de stratégies intergalactiques de vente, le système Ninja Sell, pour aider les gens à communiquer de manière plus classe, originale, et tranquille (quel bonheur de communiquer ainsi !)

Surtout que cette communication vous permet aussi de convaincre, vous crédibiliser, d'affirmer votre autorité dans un domaine, d'influencer, et finalement de vendre.

Mais là sans passer pour un commercial à deux balles ou un vendeur insistant et pénible que toute la planète déteste. Mais plutôt en assurant votre statut de pro ou d'expert amical.

Et vous qu'est-ce que votre système vient détruire, et que proposez-vous de nouveau, de meilleur à la place ?

NINJA SELL BY ACA Le système exact pour aider les experts et infopreneurs à mieux communiquer, pour vendre plus et mieux, sans avoir besoin de connaître de Marketing ou de Copywriting.

Nier sa part de responsabilité dans ce qui nous arrive c'est un manque de confiance en soi.

S'il y a bien une chose qui me gonfle, c'est le dénie des gens face à leurs responsabilités.

C'est-à-dire l'habitude qu'ont la plupart des gens de nier leur part de responsabilité, quand ils sont face à leurs échecs, leurs difficultés, et tout ce qui leur arrive de mauvais en général.

C'est toujours la faute des autres et de tout, sauf de soi-même n'est-ce pas ?

Or la vie que tu as aujourd'hui, les difficultés que tu rencontres, tes erreurs, et même les échecs sont le résultat des décisions que tu prends instant après instant sur tous les plans.

Ainsi apprend à ASSUMER la vie que tu as choisie. Même si le choix est minime, il reste un choix.

Tes employés ne sont pas toujours mauvais, incompétents, voire nuls comme tu dis. Souvent c'est ta faute, c'est toi qui ne sais pas diriger tes pions sur l'échiquier. C'est toi le responsable ou bien ?

Le maître est responsable si ses chiens ne font pas ce qu'il veut, ils aboient trop, ou trop peu. Si ce n'est pas lui le premier responsable, c'est qui ?

Si ton gouvernement est un gouvernement de voleurs, c'est ta responsabilité.

Si tes enfants ne te respectent pas, sont devenus ce que tu reproches, ne regarde pas le "ciel", tu y es pour beaucoup.

Tes projets finissent toujours par échouer, rien ne donne ? Ou ça commence bien ensuite ça fini mal ? Examine bien ta vie sur tous les plans, même ceux qui n'ont rien à voir avec le business, et tu verras que tu en es la cause !

Tout le monde autour de toi est voleur, malhonnête, les gens veulent toujours te faire du mal, tu es toujours la pauvre victime ? Hummmm de grâce prends vite conscience que le problème c'est toi !

Si ton corps est devenu faible, malade, irrespectueux (paralysé). Réfléchis bien, c'est dur, mais tu es aussi responsable.

Si tu n'attires que de mauvais gars, des gens qui veulent juste coucher, des infidèles, menteurs. Cherchent bien, la go, tu y es pour quelque chose. Tu es même la principale responsable.

On attire ce qu'on redoute, car on passe le temps à réfléchir, à philosopher (parler), et à voir partout ce qu'on redoute.

Un chef est le chef parce qu'il a la capacité de tout porter sur son dos, le bien comme le mal.

Et chacun est le chef de sa vie !
En tout cas c'est ainsi que ça doit être.

Celui qui reconnait sa part de responsabilité dans tout ce qui lui arrive de près ou de loin, admet et peut jouir de ce fait, du POUVOIR DE CRÉER les occasions, les situations voulues dans sa vie.

Si je suis responsable du mal qui m'arrive, alors je peux aussi être à l'origine, ou être le créateur du BIEN que je veux qu'il m'arrive dans cette vie.

Ça m'énerve de voir ceci sur les réseaux sociaux.

Généralement quand je regarde la comm' de certains entrepreneurs et autoentrepreneurs...

Mais énervé est même trop dire. Ça me laisse perplexe. Je ne sais pas si je dois rire ou alors sangloter. Pas de blablas, je vais citer vite fait.
Ce qui m'énerve c'est de :

- Voir une personne qui se positionne comme pro du Copywriting (ou une affiche qui vend la formation en Copywriting), et qui affiche Copyrighting ou Copirighting ou une autre horreur visuelle de ce genre.

- Voir quelqu'un qui se vante de l'efficacité d'une technique commerciale ou de comm, la conseiller et même la vendre, alors qu'il ne l'a jamais mise en œuvre.

Ex : vendre aux gens une formation sur les tunnels de vente, sans avoir le moindre tunnel, et même pas une Mailing List.

Ou parler de techniques de rédaction de texte de vente, sans jamais voir la personne utiliser ses super pouvoirs de concepteur rédacteur pour ses propres textes...

- Voir des gens utiliser les termes stratégie et tactiques à tort et à travers comme si c'était des synonymes.

- Voir des gens inventer des tactiques (appelées par abus stratégies) tapes à l'œil mais complètement irréalistes dans les faits. Et des naïfs tombent dans le panneau. Comme le borgne est toujours un patron devant les aveugles.

- Voir ces mêmes borgnes au pays des aveugles, reprendre des expériences lues dans des livres, en disant qu'ils ont réalisé lesdites expériences ou études avec tel résultat. Alors que lorsqu'on a un peu de jugeotte on voit bien que dans le contexte africain c'est irréaliste !

- Ou encore voir quelqu'un raconter qu'il est Copywriter mais en tout et pour tout son Copywriting se limite à utiliser :

Ce que j'appelle dans mon livre la technique du Kongossa (Mettre en titre le nom d'une personne connue ou plus ou moins. Exemple : Bimogo Hervé Théophile je te déteste... Et après lui faire plutôt un compliment...).

C'est bien d'utiliser ça, mais utiliser le CHOC ou le Kongossa ou des titres de ce genre ne fait pas de nous des Copywriters. C'est un métier très codifié et c'est pas donné à tout le monde d'ailleurs d'en avoir la compétence.

- Finalement je pense aussi à ceux qui trichent, euuuhhh... copient... les approches, concepts, idées de comm' des autres. Pour leur propre communication.

Hum.

Tu peux prendre la liste des ingrédients pour faire un repas ou un gâteau en particulier.

Mais si tu n'as pas l'ordre pour utiliser ces ingrédients, les quantités, et d'autres détails comme la quantité de feu, les bons gestes, etc... Et bien tu n'auras pas le même gâteau au finish. Tout sauf ça.

Donc copier ce qu'on voit quelqu'un faire en ligne ? Pas toujours une bonne idée. Ça peut même te nuire gravement... On copie l'invisible pas le visible (comprenne qui pourra)

Bref je dis ça, mais tu fais ce que tu veux.

Et toi qu'est-ce qui t'énerve à voir en ligne ?

La petite lettre d'Emmanuel pour vous qui me lisez à l'instant.

Salut,

Je suis Emmanuel Lembegue, Le Copywriter Libre Penseur, promoteur d'ACA (African Copywriter Academy) et auteur du livre de Copywriting : "Le Guide pour vendre à l'Africain moderne".

Si vous lisez ceci alors vous connaissez que les mots peuvent faire des choses puissantes. Surtout en finir avec ces 3 injustices :

- Vous manquez d'idées, et écrire devient une redoutable corvée pour vous. C'est pénible, stressant et épuisant. Or c'est la clé pour réussir avec votre activité.

Et pourtant l'inspiration n'est qu'un détail qui s'accentue avec l'habitude, quand vous avez les bonnes méthodes (secrets et bons raccourcis) pour alimenter votre cerveau d'infos clé, et quand vous avez les bonnes ressources de base.

En réalité c'est savoir quoi publier, tellement vous avez d'idées qui devrait être votre doux souci et pas une absence d'idées.

- Vous ne savez pas présenter votre produit ou service à son meilleur jour. Le rendre alléchant, désirable, irrésistible, mais aussi pertinent, crédible.

Conséquence vous vendez ce chouette produit ou service comme toute la clique le fait. Sans originalité, sans spécificité, sans magie, la magie de votre identité. Pourtant vous savez que votre produit est meilleur.

- Vous chassez pratiquement tous ces prospects qui vous écrivent en privé pour en savoir plus sur votre produit. Pas parce que vous êtes maudit, mais à cause de ce qui sort de votre bouche. Ou plutôt de votre cerveau.

Les mots que vous utilisez pour discuter avec un prospect, même qui est très chaud pour payer, peuvent soit l'amener à sortir le cash, soit à vous servir le fameux : je vous reviens.

Les mots ont des pouvoirs. Et c'est vous, en maîtrisant ces pouvoirs, qui devriez choisir les prospects auxquels vous voulez donner une chance de bénéficier de votre produit/service ou pas. Et non les chasser ou convaincre au hasard. En affaire le hasard est une très mauvaise affaire.

Bref tout ça c'est un problème de mots. Ou plutôt du pouvoir ou de l'essence ou de l'esprit de ceux-ci.

Vous imaginez tout ce que vous pourrez faire, et comment ça vous faciliterait la vie d'être plus persuasif et convainquant, sans rien briser d'éthique ou de valeur en vous ?

Même le client qui vous a déjà payé doit être motivé à agir. Parfois il faut qu'il paye une autre tranche, il y a une façon de la lui demander, sinon vous brisez quelque chose dans la relation. La façon de gérer ses collaborateurs, votre propre équipe etc... Tout ça a une influence sur le résultat final, et donc sur ce que vous gagnerez. Et sur votre avenir en général...

Bref je suis trop reconnaissant d'être tombé si tôt dans mon parcours business dans la soupe Copywriting. Ça m'aide plus dans la vie de tous les jours, et le relationnel, que dans la simple rédaction de textes de vente.

Et c'est ce que je souhaite pour vous.

C'est pourquoi il existe des formations Copywriting comme "Secrets des contenus irrésistibles", très pratiques, sans superflu, et avec fiches mémoires pour accélérer l'assimilation. Et ce qui dépasse la valeur de son prix : l'assistance presque à vie.

Et aujourd'hui le système Ninja Sell (accompagnement-coaching), qui ne vous donne pas la compétence Copywriting, mais vous aide à communiquer plus facilement, et vendre plus et mieux votre produit ou service sans connaître le Copywriting, et sans stress.

Parce qu'on insère les données Marketing et Copywriting à la base. Et ça donne des infos stratégiques que vous allez juste partager au monde. Et elles feront le reste. Bref commencez quelque part. Faites quelque chose pour améliorer votre façon de vous parler à vous-même. Et aux autres. C'est très important. Il y a quelque chose là. Je vous le dis. Creusez vers cette direction...

Cette lettre est une expression de ma reconnaissance, de ma joie, d'avoir trouvé un outil puissant et utile, qui m'aide à réaliser mes objectifs sans que j'aie à cracher sur mes valeurs internes et spirituelles.

Bien amicalement,

Être débutant n'est pas une excuse !

Voici Comment avoir tes tout premiers clients ? (C'est aussi un DOUBLE secret pour rapidement augmenter tes ventes.)

Il est difficile de convaincre les gens avec juste de belles paroles.

=> Surtout si tu n'es pas connu.

=> Si tu n'as pas une audience de malade.

=> Ou si tu n'as pas déjà des actifs qui parlent pour toi (des réalisations comme des livres, des formations, des conférences réalisés) ...

C'est difficile mais pas impossible. En fait il existe un moyen universel pour passer ces barrières psychologiques qui empêchent les gens de te faire confiance et d'acheter ton produit. Même si tu es flambant neuf dans ton domaine.

C'est un truc tout bête, que les commerçants font et ça marche pas mal. Et ce truc je te le conseille que tu sois nouveau ou ancien dans le business. Que tu jouisses d'une grande notoriété ou pas.

Cette chose c'est une offre dite de promotion, qu'on appelle : l'offre d'essai. Ou encore qu'on appelle contenu semi-payant dans le système Ninja Sell.

Il s'agit de prouver à quelqu'un que TON produit/service existe vraiment (et qu'il peut l'aider), en le lui faisant ESSAYER ou GOUTER.

Comme on essaie une chaussure ou un pantalon avant de l'acheter.

Il existe deux types d'offre d'essai :

L'offre d'essai gratuit, et l'offre d'essai payant.
L'offre d'essai gratuit.

C'est lorsque tu offres une partie de ton produit ou service gratuitement.

Exemples :

1. Tu donnes ton produit aux gens gratuitement, et s'ils sont satisfaits ils payent sinon ils renvoient.

Par exemple : tu donnes une TV + Décodeur, et tu installes tout, et durant une semaine ton client teste. S'il est satisfait au bout de ce temps, il paye, sinon il renvoie. (Une méthode pas très adaptée à nos réalités africaines).

2. Tu fais du consulting par exemple ? 1h à 25 000 F, tu peux offrir 20 minutes gratuites. Et si la personne veut plus, elle paye.

3. Tu vends un accompagnement à 50 000 F par exemple. Alors produis un livre que tu offres gratuitement. Ou tu fais un atelier, un séminaire gratuit. Un diagnostic offert. Ou un devis gratuit...

L'offre d'essai payant.

C'est lorsque tu offres une partie de ton produit ou service à un prix abordable.

Je reprends les mêmes exemples :

1. Tu vends une TV + Décodeur, et tu installes tout. Normalement ça coûte 350 000 F. Mais pour faire tout ça, tu prends une tranche de 50 000 F.

Si la personne est satisfaite au bout de deux semaines, elle complète. Sinon il renvoie tout et on lui rembourse. (Une méthode pas très adaptée à nos réalités africaines).

2. Tu fais du consulting par exemple ? 1h à 50 000 F, tu peux offrir 20 minutes à 5000 F. Et si la personne veut plus, elle paye.

3. Tu vends un accompagnement à 250 000 F par exemple. Alors produis un livre que tu vends à 15 000 F. Ou tu fais un atelier, un séminaire à 25 000 F. Ou propose le devis ou le diagnostic à 10 000 F.

Les avantages ?

Il y en a plusieurs :

- Tu attires les gens en masse autour de ton offre (pour l'essai gratuit). Ça te donne la possibilité de t'exercer, avoir des retours, pour améliorer tes services/produits. Et développer de meilleurs angles de promotion.

- Tu gagnes déjà un peu d'argent (pour l'essai payant).

- Tu augmentes le nombre de prospects. Et si ton système de vente est au top, plusieurs vont se transformer en clients.

- Tu as la possibilité d'accumuler des témoignages, preuves, avis bénéfiques, qui faciliteront tes ventes plus tard.

Bref tu vois qu'avec ça, flambant neuf ou pas, que tu lances une nouvelle offre super originale dans ton secteur ou pas, tu peux déjà avoir des TESTEURS. Et à partir d'eux tu peux mieux vendre.

Ce que je viens de décrire peut t'aider très bien. Mais (il y a toujours un mais quand on parle en public, vu qu'on ne dit pas tout), je te suggère d'intégrer de la stratégie dans le mécanisme des offres d'essais. Afin de décupler tes résultats.

C'est à dire un élément qui fera la liaison entre l'essai et le payant. Et encore mieux, entre le gratuit, l'essai et le payant...

Il est aussi bon de savoir qu'il est des choses que tu dois dire uniquement dans ton offre d'essai (le semi-payant) mais que tu ne dois en aucun cas dire sur la place publique (dans ce qu'on appelle la comm' gratuite).

De même dans les offres d'essai il y a des choses à ne jamais dire que tu ne dois dire que dans les offres payantes complètes.

Quand tu as toutes ces clés, ce que j'ai dit aujourd'hui devient une arme puissante de communication efficace.

Non seulement pour ne plus manquer d'inspiration, mais également pour briller par ta pertinence, et aussi pour accroître tes ventes, sans gesticuler, sans tromper, sans stresser personne.

C'est toute la promesse de la quatrième et dernière étape du système de Coaching Ninja Sell by ACA.

Comment je fais pour gagner de l'argent sans avoir une grosse communauté sur les réseaux sociaux ?

J'ai pas une audience de malade. J'en avais une avec l'un de mes premiers comptes sur Facebook, quand je parlais plus de spiritualité, ésotérisme, occultisme et des choses de ce genre.

J'avais des groupes et tout. Et je commentais beaucoup. Je partais chauffer les francs-maçons, les roses croix dans leurs groupes. Et c'est ainsi que j'attirais des tonnes de gens dans mes publications et dans mes groupes.

J'étais assez virulent. Et féru des débats intellectuello-mystico-philosophiques. Il était difficile de me la fermer. Et parfois je prenais plaisir à démonter les arguments de mes adversaires.

Et surtout à ridiculiser les gens dit ésotéristes qui se moquaient des religieux, alors que je démontrais qu'il n'y a pas de différence majeure entre les deux.

Ils sont tous des bébés spirituels. Certains en petite section, et d'autres en moyenne, en grande. Mais tous au jardin d'enfants.

Voilà ! c'est ce genre de truc que je faisais, pour m'amuser.

Je ne peux oublier ces moments où je choquais et impressionnait une certaine Rose-croix d'or (ainsi que sa clique) célèbre aujourd'hui, car il passe chaque jeudi dans une chaîne camerounaise, dans une émission où on parle de Mystères....

Du haut de son doctorat, il en revenait pas avec ce gamin qui voulait lui manquer du respect en public... Bon bref ACA, c'était la jeunesse. Quand ton cerveau, les hormones et ton énergie te démangent encore trop. Aujourd'hui j'ai vieilli. Ça fait quand même 10 ans !

Aujourd'hui dans ce compte que j'utilise depuis 2016 (Voir ma première photo de profil).

J'ai juste 513 personnes qui me suivent dans le compte personnel (5K amis) et une page Facebook principale créée en 2020 (je ne compte plus les autres) avec un peu plus de 1200 abonnés. Le groupe Facebook.

La Mailing List +1200 abonnés. Un groupe Telegram, WhatsApp, un canal Telegram, compte TikTok, YouTube (où je viens à peine de tourner mon regard).

Donc j'ai vraiment pas d'audience en tant que telle. Mais comment je fais pour avoir des clients ? Voici 3 conseils à suivre et à appliquer :

1. Apporter au quotidien beaucoup de valeur originale à travers les contenus dits gratuits.

Pas forcément des trucs pour titiller et provoquer des commentaires.

Mais des trucs qui font réfléchir. Qui traitent du problème principal de tes cibles. De ses causes. Les pistes de solutions. De TA solution originale. Et de toi. Comment tu fonctionnes. Tes offres spéciales...

Tout ça a tendance à attirer de bon potentiels clients dans ton audience limitée.

2. Créer de temps en temps des contenus semi-payants. Pour obtenir des prospects dans un espace dédié. Là où tu pourras donc puiser l'argent ou plutôt les clients.

Exemples :

- Tu crées un PDF qui apporte une solution plus complète pour aider tes prospects à atteindre un objectif précis. Ou pour franchir une étape significative.

Seulement pour obtenir ce PDF, il faut devenir abonné de ta mailing liste, un contact WhatsApp, abonné de ton groupe x ou y.

- Tu crées une version freemium de ton produit ou service. Et celui qui veut en bénéficier, doit d'abord te donner son contact (donc il devient ton contact WhatsApp par exemple pour voir tes statuts).

Ou alors il s'abonne à ton groupe, ton autorépondeur...

- Tu crées et programme une vidéo ou une conférence hors ou en ligne. Tous ceux qui participeront, que ce soit gratuit ou à très faible prix, vont partager avec toi leurs coordonnées. Ou doivent se retrouver dans un groupe spécial...

3. Contenus payants : Tu crées des contenus de vente, des offres spéciales pour les gens qui sont dans tes listes, groupes, statuts, et que sais-je.

Pour les amener à acheter. Ils doivent sentir la différence avec l'offre que tu fais à monsieur et madame tout le monde dans le 1 (le contenu gratuit).

Avec ça, tu as très facilement et simplement un système Marketing pertinent et simple.

Le 1 (gratuit) alimente le 2 (semi-payant).
Le 2 (semi-payant) alimente le 3 (payant).
Le 3 (payant) alimente le 1 (gratuit) et 2 (semi-payant).

Et la boucle est bouclée.

Ces 3 constituent la SED : Stratégie Editoriale Digitale. Qui est la dernière étape de Ninja Sell by ACA (Service hybride accompagnement+coaching)

C'est l'étape qui résulte du travail qu'on fait à l'étape 1 (EOM : Stratégie), 2 (PCSPS : Crédibilité) et 3 (RSO : Création données stratégiques).

Avec en plus l'aspect crucial qui est ?

De tout faire pour satisfaire le client. Selon ma conception, c'est toi le créateur/vendeur qui choisit qui sera digne de devenir ton client.

Mais une fois qu'il est client, tu dois t'arranger à le satisfaire au-delà de ses espérances. Pour qu'il devienne un client fidèle. Qui achètera tes autres produits/services sans difficulté.

Et qui sera ravi de recommander partout tes produits/services. Et chanter ton nom.

Pense donc aussi à garder la relation avec tes clients, qui doivent devenir des potes ou des proches, dont le succès a une place, pas des moindres, dans ton cœur, cerveau et avenir.

Quand tu as donc uni tout ça : SED + Satisfaction Client + Relation Client (Tu peux aussi faire un groupe avec tes acheteurs et clients. Ceci est même la base d'un groupe payant...).

Et bien tu verras que même avec une faible communauté sur les réseaux, tu seras tranquille, à l'aise. Et tu peux construire tout doucement cette audience ou communauté, sans risque idiot, et tout en t'assurant de sucrés intéressants revenus...

Emmanuel Lembegue.
Le copywriter Libre Penseur.

Mon EOM c'est :

J'aide les gens qui ont une expertise avérée mais qui n'arrivent pas à en vivre confortablement, parce qu'ils ne savent pas quoi dire et comment, pour convaincre/persuader leurs meilleures cibles de la pertinence de cette expertise.

Je les aide à gagner plus sans rien forcer et de manière subtile. En transformant leurs offres de service ou d'info-produit en une base de données stratégiques et captivantes à publier pour mieux vendre et plus, sans Marketing ni Copywriting, grâce à mon système « NINJA SELL BY ACA ».

Les 3 Conseils que j'aurai voulu qu'on me donne à mes débuts...

Est-ce que parfois il t'arrive ceci à toi aussi ?

Tu es entrepreneur, débutant ou pas, ou rédacteur, ou à ton propre compte, comme tu veux.

Et souvent tu communiques, ou tu t'essayes en Marketing et tout ça. Et puis tu commences à réaliser que tu évolues. Que ça marche. Qu'enfin tu vois le bout du tunnel.

Et puis BAM ! Tu tombes sur des contenus sur les réseaux sociaux, ou dans un blog, comme ce que j'ai commencé à délivrer par exemple sur le Copywriting et le Marketing.

Et là tu te dis : MINCE ! J'ai encore tellement de choses que je fais mal. Tellement de choses qui me dépassent à faire. Tellement de choses que je rate. Tellement de choses à surmonter.

Et cet enchaînement de pensées te noie dans des émotions d'insécurité et de peur. Tu te sens en insécurité. Tu te sens en danger. Tu es inquiet pour ton avenir.

Et ces émotions par ricochet entraînent de nouvelles pensées : tu te dis que tu as échoué. Ou que tu es le dernier de la classe. Que tout le monde te considère ainsi. Que tu es médiocre.

Et les nouvelles pensées vont générer ou renforcer des émotions négatives. Qui vont produire d'autres pensées négatives...

Et ce petit cinéma qui se joue dans ta tête, peut continuer comme ça pendant plusieurs minutes, plusieurs heures, et parfois des jours.

Au point où tu te retrouves PARALYSER par la peur. Tu commences à te sentir ILLÉGITIME pour t'exprimer en public. Pour publier. Et parfois pour faire ce que tu fais (en tant que travailleur ou entrepreneur).

Tu vas perdre confiance en toi. Tu vas attirer les clients qui payent mal et qui fatiguent. Tu auras peur de fixer les prix rentables pour toi.

Tu seras donc de moins en moins bien payé. Tu vas de moins en moins bien prester. Tu vas donc de plus en plus te sentir illégitime.

Tu oseras de moins en moins prendre la parole en public (en et hors ligne). Tu anéantiras de plus en plus tes résultats. Et là tu t'enforceras de plus en plus. Jusqu'à te retrouver... 6 pieds sous terre.

Bon Ok... Je me suis un peu emballé dans l'exagération. Mais c'est pour bien te faire sentir l'essence de ce que je veux exprimer.

Voici donc trois conseils pour te faire éviter de vivre tout ça. Voire même te faire profiter d'une telle situation, pour frapper fort et obtenir de meilleurs résultats qu'au paravent.

Conseil 1 : Relativiser.

Comme je le dis toujours, quand une situation négative t'arrive, dis-toi très vite que c'est NORMAL. C'est dans l'ordre naturel des choses.

Je te promets que cela arrive à tout le monde. Moi le premier. Débutant, expert, coach, patron. Tous vivent ça. Ne te laisse pas berner par les belles photos avec un gros sourire sur les réseaux.

Et pourquoi ? Parce que nous sommes tous des humains. Et un humain ça ressent des choses. Désagréables ou agréables. Mais des choses quand même.

Donc première chose, désamorce la bombe, en relativisant, et en la sous-estimant, comme s'il n'y avait pas de quoi s'inquiéter. Dis-toi plusieurs fois :

ACA c'est rien ! C'est normal ! Même celui que j'admire là traverse ça.

Et rigole, FORCE le sourire ou le rire. C'est bête, mais ça marche.

Conseil 2 : Recadrage.

Dis-toi et fixe-toi bien à l'esprit ceci :

Les gens ne sont pas tes ennemis.
Les gens qui donnent des conseils, même s'ils te choquent, ne sont pas tes ennemis.

Les concurrents ne sont pas tes ennemis.
Tu n'as aucun ennemi là.
Même ceux qui t'intriguent, te critiquent, ne sont pas tes ennemis.

Ça ne te sert à rien d'imaginer que les gens t'en veulent !
La seule chose que tu dois faire, c'est de faire de ton mieux, pour te protéger (dans tous les sens du terme), de faire ton boulot et rester positif.

Je ne te dis donc pas d'être naïf. Mais je te dis de ne pas prêter des intentions aux gens.

Si tu cherches des ennemis, si c'est là que tu te focalises, et que tu investis un peu de ton énergie, je te promets que tu en trouveras. Et tu ne verras que ça.

Et l'état d'esprit dans lequel tu seras, ne t'aidera en rien. Et sais-tu comment cela va nuire à ta créativité, au déploiement de ton intelligence ? Tu vas continuer à vivre pour les autres jusqu'à quand ?

Non veille sur tes arrières, mais ne prête aucune mauvaise intention aux gens qui t'entourent. Libère toi d'une telle obsession.
Ce qui doit t'obséder c'est ta progression constance.
C'est de briller. De t'élever haut.

Et pour ceux qui te critiquent, t'insultent, t'intriguent. Même si tu réagis ou pas. AVANT tout considère ça, comme une épreuve, comme une occasion pour toi de devenir PLUS FORT.

Si les critiques te font devenir méchant, craintif, ou frustré, ou obsédé ou paranoïaque, alors tu vois bien qu'il y a un problème avec toi-même. Ta machine ne sait pas transformer les déchets en carburant. C'est donc un dysfonctionnement ou un manque de compétence. Il faut apprendre...

Si tu es au désert, et que la vie ne te sert que du sable, du vent et de la chaleur, arrange-toi à EXPLOITER ça. Au lieu de pleurnicher. Car tes larmes ne pourront jamais transformer ce désert en un océan.

Conseil 3 : rentabilisation.

Considère ta découverte de nouvelles informations sur des choses que tu ne connaissais pas, non pas comme un MANQUE, comme ce qui te fait défaut. Mais plutôt comme UNE OCCASION de grandir.

Et c'est vrai. Et pour ça, pense à toutes tes réalisations. Pense à ce que tu arrives déjà à faire. Rappelle-toi ce super commentaire ou témoignage.

Remémore-toi de ces messages d'admirateurs. Pense à ce que ta copine (ou ton copain si tu es une femme), te dis par rapport à ton boulot d'entrepreneur, comment elle t'admire.

Pense donc à tout CE QUE TU AS DÉJÀ, et que TU FAIS DÉJÀ. Et ressens cette joie, cet enthousiasme.

Et maintenant. IMAGINE :

Ce que ça va donner, si tu ajoutes seulement 10% ou plus des nouvelles informations sur lesquelles tu viens de tomber ?

Tu vas EXPLOSER tes résultats.

Ce que tu as découvert c'est un signe que tu es prêt à GRANDIR.

Prends ça comme un cadeau, et sois reconnaissant pour celui qui a produit ces informations (peu importe qui s'est). Bénis-le ! (Bénir c'est souhaiter à quelqu'un du bien. Que son succès, son bien, ses réalisation positives se multiplient à l'infini).

Mon pote, ou ma pote, si tu fais ça, tu pars sur de très bonne base.
Moi quand je le fais, presque instantanément j'ai une idée de malade, qui va éblouir mes clients/partenaires...

Teste !

Est-ce possible de vite vous imposer dans un secteur, même si vous débutez a peine ?

ACA avec son système Ninja Sell promeut la création des systèmes et méthodes, manuels, livres etc.

Nous voulons que nos cœurs de cibles que sont les coachs, consultants, experts, formateurs... Puissent réellement s'imposer comme des professionnels, des autorités, des experts dans leur domaine, avec tous les avantages y afférents.

COMMENT ?

En vous aidant à PENSER, et puis architecturer votre PROPRE système ou méthode (etc). Le créateur est toujours différent des autres, parce qu'il a créé.

C'est pourquoi on concède naturellement une certaine autorité aux personnes qui ont fait un mémoire, aux auteurs, écrivains, rédacteurs/journalistes, artistes...

Et dans le monde des services intellectuels : aux créateurs de formule, recette, méthode, système, programme, outils...

Nous savons que vous aider à créer votre système, FONCTIONNE du tonnerre. C'est pourquoi on est à même de tenir nos promesses de vous aider à :

- Vendre plus, mais en stressant moins, et sans forcer personne.

- Affiner votre position d'autorité ou de spécialiste ou d'expert PERCUTANT, mais amical. Qui vend. Et non un professeur qui enseigne mais misère !

- Obtenir plus de respect de vos clients, prospects, abonnés et même de vos concurrents.

- Sortir du lot, et, briller par votre originalité.

- Communiquer avec finesse, grâce aux principes.

- Et surtout vous aider à changer le monde, tel que vous aspirez à le faire, en imposant votre idéologie, à travers votre entreprise.

Notre système à nous, est un ensemble de 4 étapes ou méthodes (EOM, PCSPS, RSO, SED), qui vous aide à CONCRETEMENT concevoir, et puis donner chair à votre propre méthode ou système.

Il y a des normes, des codes, des astuces précises pour BIEN faire ça.

Et ensuite on vous aide à communiquer dessus sans faire dans le Marketing grossier. Et sans même connaître de Copywriting ou de Marketing.

C'est même votre système qui vous aide à vendre sans avoir les compétences en Copywriting ou en

Marketing, en obtenant toutefois des résultats similaires...

Bref à suivre.

Avec Ninja Sell devenez apte à convaincre/persuader/influencer vos meilleures cibles de la pertinence de votre expertise. Pour gagner plus sans rien forcer et de manière subtile, sans Marketing ni Copywriting.

L'intelligence vaut plus que toutes les stratégies et techniques.

Parfois il n'est pas juste question de Marketing, de stratégie, ou de Copywriting. Mais d'intelligence, de créativité ou encore d'ingéniosité, pour booster une affaire.

Tiens par exemple le cas de l'entreprise UPS. L'entreprise des colis là.

UPS fait preuve d'intelligence créative en recommandant à ses livreurs (en camion) de ne jamais (autant que possible) tourner à gauche. Et cela s'est révélé être une idée simple mais puissante. Laisse-moi t'expliquer :

Une des fonctions du logiciel qui prépare les livraisons chez UPS est de programmer un trajet, pour qu'il soit presque toujours aisé aux livreurs de ne tourner qu'à droite.

En effet, un ingénieur de cette entreprise a remarqué que tourner à gauche implique de lourdes conséquences : il faut traverser la chaussée, faire attention aux priorités, parfois ralentir et donc freiner puis accélérer.

Tourner à gauche augmente la consommation de carburant ainsi que le risque d'avoir un accident. Tom Vanderbilt, auteur de plusieurs ouvrages sur le trafic routier, explique d'ailleurs qu'un seul virage à gauche ferait perdre entre 30 et 45 secondes sur le temps de trajet.

Et qu'en tire UPS ? Entre 300 millions et 400 millions d'euros économisés chaque année (carburants, frais de fonctionnement etc…) et 350 000 colis livrés en plus par an.

De plus, cette mesure a permis à UPS de se séparer de 1100 camions qui lui étaient devenus inutiles et d'économiser près de 38 millions de litres d'essence par an, lui permettant au passage de réduire ses émissions polluantes de CO^2 de 20.000 tonnes.

Pas mal non ?

Je ne veux pas que tu retiennes qu'il faut tourner à droite si tu es livreur ou quoi que ce soit dans ce sens-là, mais que tu retiennes ceci :

Au-delà des connaissances et compétences techniques, que je peux appeler externes, il est capital, et plus important, voire prioritaire, de développer des compétences internes. Celles qui sont inhérentes à l'espèce humaine.

Je pense particulièrement à la capacité à utiliser son mental pour trouver des solutions aussi créatives que celles de UPS et tant d'autres entreprises. Mais alors pouvoir le faire à volonté...

Je suis dans le Marketing, mais c'est la créativité (trouver des idées) qui est mon vrai gagne-pain.

C'est ça qui crée l'effet "Waouh !" auprès de mes clients. Et là difficile de m'oublier. Et cela fait aussi qu'ils se transforment presque tous en prescripteurs (qui recommandent naturellement mes services auprès de toute personne dans le besoin). J'ai même failli dire qu'ils sont mes commerciaux. Et ils le font avec plaisir...

Parce que je donne le meilleur de moi-même pour qu'ils reçoivent plus que ce qu'ils ont espéré en me payant.

- Mais surtout... j'arrive à dénicher une solution venue on ne sait d'où pour lancer un produit/une campagne. Ou pour régler un problème.

- Ou je trouve une idée de publicité bizarrement simple, mais au combien efficace.
- Ou encore quand je ressors le meilleur angle d'un livre que je réécris pour quelqu'un...

Ce ne sont que ces idées, ou inspirations qui se transforment en argent. Et qui facilitent la vie...

Avant même je ne comprenais pas ça. Je pensais qu'il fallait trop utiliser ma mémoire, et donc trop la gonfler avec le savoir.

Non ! C'est l'intelligence, l'inspiration, qu'il fallait plus booster... Juste être une entité humaine qui fonctionne au top de ses performances.

Je suis sûr que tu si tu as passé déjà quelques années dans ton domaine, et que tu y songes un peu, tu verras que c'est l'inspiration la mine d'or. Seulement une fois de plus, il faut la produire à volonté.

Donc penche-toi réellement sur cette affaire : développer la personne que tu es, afin d'utiliser à son plus haut potentiel chacun des outils dont la nature t'a gracieusement doté. Et pouvoir être outillé pour relever les défis de la vie sans stresser ou presque.

L'intelligence que possède une seule de tes cellules, lui permettant dans son noyau, de faire des opérations que même le plus performant des ordinateurs terrestres n'est pas encore près de faire, peut être exploitée par toi, et plus vite que tu ne le penses.

Pour que tu puisses produire des merveilles et éblouir (si c'est important) ton entourage.

Ce travail-là est plus qu'important. Qu'est-ce qui peut même être plus important que ça ?

Bref l'intelligence n'est pas un super pouvoir, mais une propriété banale de n'importe quel humain. Maintenant l'utilises-tu à son plus haut potentiel ?

A côté de l'intelligence il y a également la perspicacité…

L'un des pouvoirs les plus importants pour réussir dans la vie, et donc en entrepreneuriat ou dans les affaires, pour ma personne, c'est et ça a toujours été la...

Perspicacité.

C'est tellement important qu'il est bien d'investir une bonne partie de temps, attention et énergie pour la développer.

Aujourd'hui c'est ça mon fonds de commerce. Au-delà du Marketing, du Copywriting, des campagnes de communication, les lignes éditoriales et les publicités, c'est avec le sens de la perspicacité que je suis le plus efficace pour aider et fidéliser un client.

C'est quoi la perspicacité ?

C'est le degré de clarté de perception qu'une personne peut avoir. La perception de ce qui est ! Ou de la réalité des choses.

C'est à dire la capacité de vor là où les autres ne voient rien. La capacité d'anticiper. La capacité de voir à la fois et concrètement les plus et les moins (faiblesses, risques, défauts cachés) de toute chose.

C'est la capacité à se projeter et voir même le futur, à propos de l'application d'une idée. A propos des conséquences d'une quelconque action.

C'est quand tu réussi à révéler avec précision à un client l'incohérence de ce qu'il s'apprête à faire, ou de ce qu'il faisait, et que tu le lui prouves, et qu'en plus tu fais une proposition plus intéressante, que tu arrives à le toucher et à le marquer.

Bref je dis ça, je ne dis rien.
Nous ici, on va pas se fatiguer de conseiller aux gens de se tourner vers l'intérieur.

Les compétences ne sont pas juste à propos des disciplines, du savoir-faire etc... Comme Management, Copywriting, architecture, art oratoire, etc...

Mais d'abord à propos du savoir-être : nos propres outils et propriétés internes.

Il est capital d'acquérir les compétences pour savoir utiliser ton mental, ton attention, ton imagination, ta concentration, ta perspicacité, etc...

Sont des compétences plus puissantes, qui te facilitent même l'acquisition de ces compétences externes.

Bref reste connecté.
Le meilleur arrive.

Mais ne l'oublie pas : Pour réussir quoi que ce soit tu as besoin d'une méthode.

Le client n'est pas mon roi.

Tu entends souvent le refrain classique répété encore et encore, par bon nombre de personnes, qui consistent à dire : « Le client est roi ».

Et un client peut être exigeant. C'est normal et c'est son droit le plus légitime. Il t'a quand même donné son argent, durement acquis, au prix de je ne sais quoi....

Mais peut-on pour autant affirmer qu'il est roi.... dans tous les cas ?

Tous les clients et/ou prospects méritent-ils réellement ta considération et ton engagement le plus total ?

Certainement pas. Sinon tu cours à la dérive.

POURQUOI ?

Car ce qui caractérise une véritable entreprise, c'est surtout sa vision stratégique. Et la façon dont elle gère son temps. <<Le temps c'est de l'argent>>.

Alors logiquement si tu mises ou investies ton temps sur tout le monde (tu tires sur tout ce qui bouge comme on dit), et bien tu pars perdant. Et ça sera un énorme gâchis de temps et autres.

Parce que n'ayant pas d'objectif précis, tu vas par exemple publier des contenus à tout vent, allant dans tous les sens, sans aucun véritable ciblage.

Conséquence, tu vas attirer une tonne de gens qui viendront prendre sans jamais te donner en retour.

Parmi ces gens tu auras en masses : des mauvais payeurs. Des gens qui lorsqu'ils te donnent leurs 5 francs, attendent que tu te sacrifies et donne jusqu'à la dernière goutte de ton sang pour eux.

Ou des clients qui payent largement, mais ensuite deviennent des tyrans. qui te pressent comme une orange. Qui t'imposent des choses. Et te poussent à aller contre tes propres valeurs...

Est-ce ce genre de personnes, que tu appelles roi ??

Tu vas ainsi sacrifier ta paix mentale, ton énergie, et ton temps (qui est sacré en affaire), pour quelques francs ???

EN TOUT CAS MOI, dans ces conditions, non, le client n'est pas mon roi !

ABSOLUMENT PAS !

Si tu ouvres la porte à tous les prospects qui viennent, et que tu traites avec eux, sans un système de filtre à la base, du moment qu'ils ont de quoi te payer tu leur accordes du temps et de l'intérêt, alors sache que tu auras du mal à évoluer. Et bonjour le stress, l'angoisse, la fatigue chronique.

QUE FAIRE ALORS ?

C'est simple : Il faut laisser partir une bonne partie de tes clients potentiels. C'est-à-dire apprend à dire NON à plusieurs prospects. Ou encore mieux : SÉLECTIONNE le type ou profil de client avec qui tu vas fonctionner.

Pousse le délire très loin, en ayant une profonde compréhension du type que tu veux et que tu ne veux. Au point de les reconnaître après un petit échange de deux minutes (pas le temps à perdre). Ou en les testant dès la prise de contact...

Fais cadeau de ces clients casse-tête, ou ce vrac, à la concurrence. Et consacre ton temps et ton énergie à fidéliser et développer des clients que tu considères comme idéaux pour toi (rentables et potables).
Oui... Je sais... Tu es en train de te demander si je déconne. Toi tu veux de l'argent, et de potentiels clients arrivent, et Emmanuel te demande de les trier. Donc de chasser une bonne partie, les laisser partir avec ton potentiel argent ???

N'EST-CE PAS DE LA FOLIE ?? OU UN SUICIDE ÉCONOMIQUE ?

Oui c'est bien ça que je dis. Et non ce n'est pas un suicide. C'est en fait un secret que tout vendeur d'exception peut te confirmer. Tous les excellents vendeurs, sérieux donc, dans différents domaines, que nous connaissons ont tous un point en commun : « Ils savent dire NON à un client ».

Un client aura toujours plus de respect envers toi si tu sais mettre des limites. Et que tu restes conformes à tes propres valeurs.

En plus, si tu sais communiquer tes valeurs dans tes articles. Même dans tes offres, que tu définis clairement les critères du style de gens avec qui tu veux travailler, et qui MÉRITENT tes services, alors deux choses vont se passer :

1- Tu vas chasser automatiquement les mauvais prospects. Qui viennent te casser la tête, et te fatiguer pour rien.

2- Tu vas augmenter ton charisme, et ta valeur aux yeux des prospects. Même si plusieurs vont te trouver prétentieux, plusieurs autres vont te respecter pour ce courage, et cette affirmation de qui tu es, et de tes valeurs.

3- Tes publications vont, surtout si tu sais bien utiliser les mots, attirer plus de clients idéaux. Des gens avec qui tu te sens bien et inspiré. Avec qui tu peux donner le meilleur de toi-même. Donc des gens que tu peux vraiment aider, et même facilement... et avec qui tu vas bâtir ta fortune.

Il n'y a que ceux-là qui peuvent MÉRITER d'être fait ROI par toi.

ET POUR FAIRE ÇA : je te propose de répondre à 5 questions clés, presque magique. Au sortir de là, tu auras tout ce qu'il te faut en termes de bases stratégiques pour aller de l'avant, correctement, en limitant les mauvaises surprises.

Et toi, quelle est ta vérité ?

Dans le domaine business ou Marketing et autres, il existe plusieurs vérités différentes. Et c'est bien ainsi. Tu dois avoir ta part, et en faire toute une doctrine à enseigner aux gens, si tu veux aller loin.

Source du texte : La Méthode Lembegue.

Oui ! Chaque entreprise a sa Vérité, et doit l'avoir. Et SA vérité est celle qu'elle tente d'imposer (pas toujours dans le sens péjoratif) au public.

La vérité ici est ce qui, du point de vue de l'entreprise qui l'incarne, peut réellement apporter des résultats au public. C'est même ce qui fonde le positionnement de l'entreprise.

Exemple : le cas de plusieurs entreprises qui ont pour but d'aider d'autres entreprises à prospérer.

- L'agence de Marketing va proclamer, défendre et démontrer la vérité selon laquelle, pour qu'une entreprise puisse briller et réussir, il lui faut absolument un bon Marketing.

Par exemple il lui faut un plan stratégique. Et l'agence va sortir toutes les preuves pour le démontrer. Et c'est vrai !

- Or une autre agence de Marketing, va par exemple dire qu'il faut une proposition unique de valeur originale, sur laquelle s'appuyer pour réussir. Et elle va créer tout son dogme autour de cette réalité. C'est vrai !

- L'agence de Copywriting va sortir toutes les preuves pour démontrer que les entreprises ont besoin de Copywriting, d'accroches, d'arguments imparables, de storytelling, et blablas. C'est aussi vrai !

- L'agence qui a du trafic, une communauté, va tout faire pour nous convaincre que sans trafic, sans audience ou sans avoir des tonnes de gens auprès de qui recommander les produits/services, on ne peut pas prospérer.

- De même celle qui se spécialise sur l'image, la photographie, les visuels... Va principalement tout fonder autour de l'importance de l'image pour prospérer. Et sa **religion Marketing** va tourner autour de ces aspects visuels.

C'est ainsi !
Chaque entreprise a et doit avoir SA vérité.

Et ce n'est pas mauvais.
Sauf qu'il faut rester vrai dans la vérité que tu choisis de prôner.

C'est-à-dire : que tu ne dois pas promettre aux gens quelque chose que tu ne peux réellement leur apporter. Ou alors que tu ne peux démontrer ou prouver.

Bref chacun prêche pour sa chapelle. Et celui qui est le plus convaincant gagne plus, ou avec moins d'efforts. En sachant que l'éthique est la seule règle qui puisse compter. Et la vie est belle.

ET MOI ALORS ?

Mon entreprise t'aide à donner vie à TA vérité. La rendre cohérente, crédible et persuasive. Tout ce que je t'exige c'est l'éthique. Car en matière de Karma (loi de cause à effet), dans le plan spirituel, il faut faire gaffe !

DONC Je sais et je signe que :

Sans fonder ton autorité, à travers une méthode, ou un système (TA VERITE) qui t'est propre et qui vend pour toi OKLM.

Et sans communiquer sur tes compétences/produits/services/offres, de manière subtile et intelligente, de nos jours...

Tu auras beaucoup de mal à attirer et convaincre/persuader tes meilleurs clients (qui payent gros sans maux de tête), et gagner leur respect. Ce qui pourtant garantirait en plus ton bien-être. Donc :

Pouvoir te faire gagner à l'extérieur et à l'intérieur (La promesse du Marketing Spirituel que je prône).

#ACA

www.ingramcontent.com/pod-product-compliance
Lightning Source LLC
Chambersburg PA
CBHW052343220526
45465CB00003BA/928